BJÖRN VEDDER

DAS BEFINDEN
AUF DEM LANDE

VERORTUNG EINER LEBENSART

HarperCollins

1. Auflage 2024
Originalausgabe
© 2024 by HarperCollins in der
Verlagsgruppe HarperCollins Deutschland GmbH, Hamburg
Gesetzt aus der Stempel Garamond
von GGP Media GmbH, Pößneck
Druck und Bindung von GGP Media GmbH, Pößneck
Printed in Germany
ISBN 978-3-365-00482-1
www.harpercollins.de

»... dichterisch wohnet der Mensch auf dieser Erde.«

– Friedrich Hölderlin, »In lieblicher Bläue«

INHALT

Alle ziehen aufs Land, in die große Stadt nie wieder
Silbernes Besteck – Goldener Retriever
Alle mähen Rasen, putzen ihre Fenster
Jeder ist jetzt Zahnarzt – keiner ist mehr Gangster

– Materia, Kids (2 Finger an den Kopf)

EINLEITUNG

Die Sonne glitzert auf dem See. Segelyachten krängen im Wind. Eine Möwe schreit, und ein Storch hockt auf dem Maibaum. »Leben, wo andere Urlaub machen« hatte der Vermieter unter das Foto geschrieben, und wir sind darauf reingefallen. Wir wohnten mitten in München, Maxvorstadt, zwischen Hauptbahnhof und Schwabing und fanden es eigentlich super. Meine Frau arbeitete an der Uni, die war fünf Minuten mit dem Rad entfernt, ich war Journalist und schrieb vor allem Kritiken – Oper, Konzert, Theater. Wir waren keine zwei Abende die Woche daheim und tagsüber in unseren Büros. Aber das änderte sich, als wir unser erstes Kind bekamen, abends zu Hause blieben und mehr in einer Wohnung sein mussten, die gar nicht darauf ausgelegt war, dass sich eine Familie dort den ganzen Tag aufhält.[1] Anfangs sind wir noch, wie früher, in Cafés und Bars gegangen, um unserem stickigen Apartment zu entkommen. Aber sobald die Kleine anfing zu krabbeln, ging das auch nicht mehr. Als nach knapp zwei Jahren dann unser zweites Kind unterwegs war und es meiner Frau immer schwerer fiel, jeden Tag in den vierten Stock eines Altbaus hochzusteigen, glaubten wir, endlich raus aus der Stadt zu müssen.

Wir hätten an den Stadtrand ziehen können, nach Stockdorf, Gauting oder Gräfelfing, wo die Vorstadt auf die Utopie trifft, wie die Pet Shop Boys singen.[2] Doch wir hatten einen anderen Traum als den vom Reihenhaus an der Autobahn. Zurück zur Natur, raus aufs Land! Also folgten wir unserem Traum, nahmen das Angebot des nicht allzu gierigen Vermieters an und zogen von München an den Ammersee. Von der Dreizimmerwohnung ohne Balkon in das großzügige Haus mit Garten, von der Innenstadt in die Natur, von der Stadt aufs Land.

Mit unserer Sehnsucht nach Beschaulichkeit waren wir schon 2018 nicht allein. Die Städte wachsen, aber immer mehr Menschen ziehen auch raus und suchen

sich in der Provinz ein neues Zuhause. Und die Landlust blüht auch in der Stadt. Das zeigt der Erfolg von
Magazinen wie *Landlust* oder *Schrot und Korn*, die jeden Monat eine Leserschaft von zwei Millionen finden,
von Instagram-Kanälen wie dem von Judith Rakers, die
aus dem Studio der *Tagesschau* (und ihrem Hambur-
ger Penthouse) auf einen Bauernhof gezogen ist, um
dort Homefarming zu betreiben, und eigentlich jedes
Tischgespräch unter Erwachsenen jenseits der dreißig,
bei dem immer mal die Frage auftaucht, ob man nicht
(irgendwann) raus aus der Stadt und aufs Land ziehen
sollte – oder *zurück* auf das Land.[3] Denn viele, die zur
»Hälfte des Lebens«, wie Hölderlin den vierzigsten Geburtstag so schön nennt, auf das Land ziehen, kommen
von da.[4] Ich auch. Aufgewachsen auf einem Dorf im
Höxterschen, durchschritt ich ein tiefes Tal der Tränen,
bis ich nach München kam, und bin doch wieder auf
das Land zurückgezogen. Von einem Dorf zum anderen.

Warum habe ich das gemacht? Was heißt es, auf dem
Land oder in der Provinz zu wohnen? Und was heißt
es eigentlich, provinziell zu sein? Das sind Fragen, die
ich mir in diesem Essay stelle. Ich halte es dabei mit
dem amerikanischen Schriftsteller Henry David Thoreau, der sich 1845 eine Blockhütte in den Wäldern
von Concord, Massachusetts, baute, um ein alternatives Leben zu führen, und in dem Buch, das er darüber
geschrieben hat (*Walden oder Leben in den Wäldern*,
1854), verlangt, dass ein Schriftsteller »einen einfachen,

aufrichtigen Bericht über sein eigenes Leben [gibt] und nicht einen solchen über das Leben anderer Leute«.⁵

Bei mir heißt das, dass zwei Dörfer und zwei Lebenssituationen im Mittelpunkt stehen: meine Kindheit und Jugend im Höxterschen und das Leben als erwachsener Familienvater am Ammersee. Als Kind lebte ich in einem Dorf im »gebirgichten Westfalen«, wie Annette von Droste-Hülshoff schreibt, in das das verdammte Licht der Aufklärung nie gedrungen ist und in dem ich die Menschen deshalb traf, wie Gott sie geschaffen hat.⁶ Jetzt lebe ich in einem ehemaligen Fischerdorf am Ammersee, das zivilisationsmüde Besserverdiener aus München heraus an den See lockt, damit sie dort (in mehr oder minder großer Eintracht mit den Einheimischen) ihren Traum vom schöneren Wohnen auf dem Lande realisieren. Glaube, Heimat, Vaterland auf der einen Seite, eine weiß-blaue Mischung aus Familien- und Vermögenswerten auf der anderen. 1983 und 2023. Trotzdem ähnelt sich erschreckend vieles. Der provinzielle Geist trägt vierzig Jahre später und fünfhundert Kilometer weiter im Süden ein anderes Gewand, darunter ist er jedoch derselbe geblieben. Ich bin aufgrund meiner Erfahrungen zu der Überzeugung gekommen, dass das Landleben die Niedertracht nährt, die Verspottung der vermeintlich Schwächeren begünstigt und ihrer öffentlichen Beschämung Vorschub leistet, weil es ein Leben in der Gemeinschaft ist. Und die Gemeinschaft macht gemein. »Die Hölle, das sind die anderen.« Dieser berühmte Satz von Jean-Paul Sartre ist kaum irgendwo so zutreffend wie auf dem Land, dem dunklen Reich der Unterdrückung und Gefangenschaft, der gemütlichen Gemeinheit.

Ich glaube, dass dieser Befund nicht nur das Landleben betrifft. Denn der provinzielle Geist regiert nicht nur das Dorf. Er hat auch in die Städte Einzug gehalten, in die Parteien, Thinktanks und Gremien. Die rezente Landlust entspringt einer breiteren Provinzialisierung des Geistes und übergreifenden Sehnsucht nach Gemeinschaft. Das ist als Reaktion auf vierzig Jahre Neoliberalismus durchaus verständlich, weil diese Organisation der Gesellschaft nach dem Recht des Stärkeren den gesellschaftlichen Zusammenhalt und unsere Solidarität weitestgehend zerstört hat. Aber das Leben in einer wertebasierten Gemeinschaft, in dem alle dasselbe wollen sollen, ist auch nicht schön, und warum das so ist, das lässt sich am Leben auf dem Lande wie in einer Nussschale beobachten.

Das »gebirgichte Westfalen« und der Ammersee, das sind nur die Ausgangspunkte meiner Überlegungen oder das, worauf ich immer wieder zurückkomme, denn reflektieren, sagt Kant, heißt sich zurückbeugen auf den Inhalt der eigenen Erfahrung. Die Schleifen, die ich dabei ziehe, berühren auch die Erfahrungen anderer, wie sie diese in philosophischen und literarischen Texten niedergelegt haben. Ich habe zum Beispiel mit einer Journalistin gesprochen, die die banalen Mythen vom schöneren Leben auf dem Lande für das Fernsehen fabriziert, oder mit jungen Landfrauen aus Brandenburg,

die mir einen sehr differenzierten Bericht darüber gegeben haben, warum es auf dem Land so schön, mitunter aber auch so traurig ist, *tristesse provinciale*. Und
ich frage mich natürlich, wo die aktuelle Landlust, der
auch ich zum Opfer gefallen bin, überhaupt herkommt.
Denn wenngleich sie nie ganz weg war – und im Grunde
so alt ist wie der Gegensatz von Stadt und Land –, ge-
horcht auch sie den Moden und folgt gesellschaftlichen
Entwicklungen.

RAUS AUS DER STADT, RECHTS

Als ich Student war, zogen nur die Rechten aufs Land oder die Hippies. Der Kalte Krieg war gerade zu Ende gegangen. Die Liberalen wähnten sich als Sieger der Geschichte. Europa wuchs zusammen, und die Provinz wurde rechts, vor allem die ostdeutsche. Das erfuhr ich am eigenen Leib, als ich 1993 von ein paar Glatzen an einem Badesee bei Dresden zusammengeschlagen und im Krankenhaus vom behandelnden Arzt dann ausgelacht wurde, ich sei *selbst schuld, wenn ich mich mit seinen Jungs anlege.*

Während sich die weite Welt öffnete und vereinte, radikalisierten sich die Provinzler. In Brüssel wehte die europäische Fahne, in Hoyerswerda brannte das Asylantenheim. Davor standen zwei Provinzdeppen, wir alle kennen das Foto noch, und grinsten blöd. Der in der vollgepissten Hose reckte den Arm zum Hitlergruß. Die Provinz war das Land der hässlichen Deutschen: abgehängt, strukturschwach und verloren. Rechte Traurigkeit. Niemand wollte da wohnen. Aber manche kamen halt nicht weg.

Andere wollten jedoch genau da hin, nämlich die Rechten aus dem Westen. Denn sie konnten dort ungestört ihre Gedanken verbreiten und die Jugend verderben. Vor allem aber versprach das Landleben für die Rechten das gute Leben, und sie haben (mithilfe der Medien) einiges dafür getan, dass diese Überzeugung in der Mitte der Gesellschaft angekommen ist.

Ein früher Protagonist dieser rechten Landflucht war Botho Strauß, der meistgespielte Dramatiker der alten BRD und ein vielfach preisgekrönter Schriftsteller. Das deutsche Feuilleton liebte ihn, und die Berliner Schaubühne, *das* Theater der Achtundsechziger, feierte mit seinen Stücken die größten Erfolge.

1993 aber, in dem Jahr, als ich vor der Campingplatzdisko in Oberwartha von ein paar Faschos eins auf die Fresse bekam, weil ich aussah wie eine *Zecke*, gab Strauß seinen West-Berliner Wohnsitz auf, baute sich ein Haus in der Uckermark und publizierte im Magazin *Der Spiegel* einen folgenreichen Essay, der zur konservativen Revolution aufrief *und* zum Leben auf dem Lande. Denn auf dem Land zu leben und rechts zu sein, gehörte für Strauß zusammen. Sein Aufsatz heißt »Anschwellender Bocksgesang« und zeigt, welcher Geist in der rechten Landlust weht: Es ist der Geist der Sezession, der Abspaltung von der modernen Gesellschaft. Ganz offen wünscht Strauß den Bürgerkrieg herbei: »Daß ein Volk sein Sittengesetz gegen andere behaupten will und dafür bereit ist, Blutopfer zu bringen, das verstehen wir nicht mehr und halten es in unserer liberallibertären Selbstbezogenheit für falsch und verwerflich. Es ziehen aber Konflikte herauf, die sich nicht mehr ökonomisch befrieden lassen; bei denen es eine nachteilige Rolle spielen könnte, daß der reiche Westeuropäer sozusagen auch sittlich über seine Verhältnisse gelebt hat. [...] Zwischen den Kräften des Hergebrachten und denen des ständigen Fortbringens, Abservierens und Auslöschens wird es Krieg geben.«[7]

Diesen Krieg will Strauß anfachen, nicht mit Waffen, wie es die Reichsbürger aus der Thüringer Provinz dreißig Jahre später versuchen sollten, aber mit »militanten Akten der Gegenaufklärung« und einer Remystifizierung des Lebens und der Geschichte. Strauß ist ein *geistiger* Brandstifter. Die Blutopfer sollen andere bringen. Für seinen Bürgerkrieg mit der Feder zog er sich in einen »Schutzraum« auf dem Land zurück, einen Bauhaus-Bunker im Biosphärenreservat Schorfheide-Chorin. Denn nur hier, abseits der liberalen Kultur der Städte und der aufgeklärten Institutionen der Kritik, konnte er ungestört »rechts sein, nicht aus billiger Überzeugung, aus gemeinen Absichten, sondern von ganzem Wesen«. Seine »Durchdrungenheit« von Volk, Geschichte und Krieg trieb ihn hinaus aus der Stadt und raus aufs Land, tief hinein in die Erdmoränen und dort, zwischen Grünspecht und Biber, zu einem »Akt der Auflehnung: gegen die Totalherrschaft der Gegenwart, die dem Individuum jede Anwesenheit von unaufgeklärter Vergangenheit, von geschichtlichem Gewordensein, von mythischer Zeit rauben und ausmerzen will«.[8]

Vom konkreten Leben auf dem Lande erfahren wir wenig, auch in dem Buch, das Strauß darüber veröffentlichte (*Die Fehler des Kopisten*, 1997), ist im Grunde nur vom Müßiggang eines alten Mannes die Rede, der Einkehr bei sich selbst hält. Strauß macht lange Spaziergänge durch das Naturschutzgebiet, hält Feldherrenreden auf der Heide, liest daheim hinter dem Ofen (voller Abscheu gegen die Lebenden) die Bücher der Toten und »sucht den Wiederanschluß an die lange Zeit, die unbewegte«, die »Tiefenerinnerung« und die »religiöse oder protopolitische Initiation«.

Große Reden im Walde schwingen, auf dem Acker toben und schimpfen – in der Literatur sind das erste Anzeichen einer psychischen Erkrankung.[9] Aber so fängt sie eben an, die konservative Landlust im Nachwendedeutschland: Mythos, Geist und das Rauschen der Wälder. Bocksgesänge. Der große Pan soll nicht sterben, sondern in einem geheimen Deutschland wiederauferstehen – in Cordhosen, im Osten, auf dem Lande.

Für mich riecht das alles immer noch nach Pisse, aber Strauß gelang es, seine Kriegserklärung an die liberale Gesellschaft mit einem dunklen Furnier aus romantischer Waldeseinsamkeit und mythischem Deutschtum zu verkleiden. Dies brachte ihm nicht nur den Nimbus des konservativen Revolutionärs ein, sondern lockt auch regelmäßig Journalisten nach Chorin. Es ist bisher kein Jahr vergangen, an dem nicht der ein oder andere (tatsächlich sind es fast immer Männer) zu Strauß rausgefahren wäre, um sich von ihm auf der Panflöte etwas vorblasen zu lassen und in das alte Lied vom goldenen Leben auf dem Lande einzustimmen.

>»Beatus ille, qui procul negotiis,
ut prisca gens mortalium,
paterna rura bobus exercet suis«,

dichtete schon der Römer Horaz, was auf Deutsch so viel heißt wie:

Glücklich ist der, der fern von Geschäften,
wie das Menschengeschlecht der Vorzeit,
das väterliche Feld mit seinen Stieren pflügt.[10]

Die Landlust, die hier in die Köpfe der Menschen gepflanzt wurde, ist keine Sehnsucht nach einem konkreten Leben auf dem Lande, sondern die Hingabe an eine pittoreske Vorstellung davon, geboren aus dem Unwillen, die Entzauberung der Welt zu ertragen. Eine Tiefschwätzerei, die die anstrengende Selbstbestimmung scheut und stattdessen bei den Ursprungsmächten des Bodens und der tradierten Gemeinschaft Zuflucht sucht und die, da es diese Ursprungsmächte nicht mehr gibt, sich anheischig macht, sie auf dem Lande neu entspringen zu lassen. Der Religionssoziologe Paul Tillich hat eine ähnlich romantische Geisteshaltung 1933 bei den Nazis festgestellt und sie als die paradoxe Forderung beschrieben, vom »Sohn her die Mutter zu erschaffen und den Vater aus dem Nichts zu rufen«.[11] Selbstredend ist die rechte Romantik von heute jedoch viel zahmer als die faschistische Romantik von früher, die mit einem Wort Joseph Goebbels' gesprochen eine »stählerne Romantik« war, industriell und technisch, rassistisch und rabiat biologistisch: eine Avantgarde der technisierten Welt, der die rechten Romantiker von heute gerade entfliehen wollen, um draußen auf dem Land, in einem Naturschutzgebiet, die Welt neu zu verzaubern.[12]

Diese rechte Romantisierung des Landlebens reicht bis weit in die Nachkriegsgesellschaft zurück, zu Autoren wie Ernst Jünger, der sich aus den Stahlgewittern der beiden Weltkriege in den deutschen Wald flüchtete, um dort ein Partisanenlager für die rechte Resistance anzulegen. Sie findet aber auch ganz praktische Anwendung bei Menschen wie dem Publizisten- und Verleger-Paar Götz Kubitschek und Ellen Kositza, die auf einem »das Rittergut« genannten Bauernhof im sachsen-anhaltischen Schnellroda die Vorzüge des Familienlebens auf dem Lande predigen und die Rückkehr des Deutschen Reiches vorbereiten.

Fast jede große deutsche Zeitung hat schon eine Homestory mit den beiden gemacht, und das Fernsehen war natürlich auch schon da. Wenn dann die Journalist*innen kommen, geht Kubitschek mit ihnen in den Stall und melkt die Ziegen (Bocksgesänge), während Kositza erzählt, wie sie den Apfelsaft selbst presst, den Käse labt und das Brot backt – »die ersten Ökologen waren rechts« – und dass sie den Kindern das

Nähen und Kochen beibringt. Ein biodeutsches Famili-
enidyll. Abends singen dann alle Lieder zur Gitarre und
beten gemeinsam mit dem Gesinde vor dem Kreuz.[13]

Das Motto des Hauses ist indes nicht die Ein-, sondern die Zwietracht: Kositza sagt es gerne lateinisch:
»Etiam si omnes, ego non«: Auch wenn alle anderen (es
so machen) – ich nicht.

Die Achtundsechziger sagten, es gebe »kein richtiges Leben im falschen«.[14] Die Rechten erklären uns seit
dreißig Jahren, dass wir aus diesem falschen Leben aussteigen können, wenn wir auf das Land ziehen. Denn
das Landleben ist das gute Leben, und das gute Leben
ist das rechte Leben.

Das heißt im Umkehrschluss natürlich nicht, dass
alle, die aufs Land ziehen oder auf dem Land bleiben,
automatisch rechts sind, und ich will auch der Landlust, wie sie in den Magazinen und Social-Media-Ka-
nälen verbreitet wird, keinen faschistischen Unterton
unterstellen. Aber es gibt doch auffallende Parallelen
zwischen dem dörflichen Gemeinsinn und der rechtskonservativen Gesinnung, dem provinziellen und dem
rechten Geist, und ich finde es immerhin bemerkens-
wert, dass sich die neue Landlust zu ganz erheblichen
Teilen aus rechter Propaganda speist. Dabei frage ich
mich: Wie kann ein offensichtlich so dumm-reaktionä-
res Geschwätz so wirkungsvoll sein? Meine Vermutung
ist, dass die Zivilisationsmüdigkeit vieler Menschen
dieser schlammbraunen Mischung aus Rousseauis-
mus (Zurück zur Natur!) und Revisionismus (Heim

ins Reich!) einen fruchtbaren Boden bereitet. Ich habe diese Müdigkeit auch selbst gespürt, als wir uns überlegt haben, aufs Land zu ziehen. Am Ammersee haben uns nicht nur die Großzügigkeit des Hauses (im Vergleich zur gleich teuren Stadtwohnung), die Nähe des Sees (der bei der Besichtigung in der schönsten Wintersonne glitzerte) und das Grün des Gartens fasziniert, sondern auch die Vorstellung, dem hektischen Treiben und der ewig anstrengenden Selbstbehauptung in der Stadt zu entfliehen und auf dem Land zur Ruhe zu kommen. Simplizität und Übersichtlichkeit: Erdbeeren im Garten anpflanzen und die eigene Mitte wiederfinden. Den unendlichen Unterscheidungen den Rücken kehren und den Kindern beim Matschen zusehen. Mit einem Bier in Pantoffeln vor dem Haus sitzen und alle Relativierungen mit der Sonne runtertrinken. Im *Abseits* stehen, hat Theodor Storm das in einem Gedicht genannt, das schon über hundert Jahre alt ist. Denn die Müdigkeit, die wir spürten, und die Sehnsucht, die wir stillen wollten, sind so alt wie das moderne Leben, das mit der Trennung der sich industrialisierenden Städte von den zurückfallenden Dörfern beginnt.[15]

»Ein halbverfallen niedrig Haus
Steht einsam hier und sonnbeschienen;
Der Kätner lehnt zur Tür hinaus,
Behaglich blinzelnd nach den Bienen;
Sein Junge auf dem Stein davor
Schnitzt Pfeifen sich aus Kälberrohr.

Kaum zittert durch die Mittagsruh
Ein Schlag der Dorfuhr, der entfernten;
Dem Alten fällt die Wimper zu,
Er träumt von seinen Honigernten.
– Kein Klang der aufgeregten Zeit
Drang noch in diese Einsamkeit.«[16]

Im Grunde hatten wir die Hoffnung, mit einem Umzug zu einer schöneren, besseren und vielleicht nur
verschütteten Version unserer selbst zurückzukehren.
Diese Hoffnung wurde freilich nicht nur von der rechten Landlust genährt, die vielleicht eine deutsche Spezi-
alität ist, sondern auch von der langen Tradition emp-
findsamer Naturbeschreibungen, einer linken Landlust,
die es natürlich auch gibt, und einer medialen Insze-
nierung des Landlebens als beschaulicher Insel in einer
immer unübersichtlicheren und ungemütlicheren Welt.

LAND VEGAS

Leben, wo andere Urlaub machen – das stand nicht nur unter den Fotos in der Immobilienannonce, die wir annahmen, sondern ist auch das Motto der Heimatsendungen im TV, ob sie nun beim MDR oder NDR, beim ORF oder auf Servus.tv laufen. »Im Grunde«, sagte mir eine langjährige Autorin eines entsprechenden Formats, die hier aus Rücksicht auf ihren Arbeitgeber aber nicht namentlich genannt werden möchte, »inszenieren wir die Orte, die wir besuchen, als Urlaubsorte. Und wenn wir mal eine Anfrage aus einer Region bekommen, über die wir eine Sendung machen sollen, dann kommt die von den Tourismusverbänden. Es sind kleine Fluchten aus der Realität in eine märchenhafte Welt, in der es nur Schönes gibt.« Früher liefen die Sendungen als Alternative zum Fußball im Fernsehen. Der Mann schaut die Bundesliga und die Frau etwas Hübsches über Handwerk, Kulinarik oder Traditionen. Er fiebert mit seiner Mannschaft mit, und sie legt die Füße hoch und entspannt sich bei einem schönen Traum vom Leben auf dem Lande.

In einer Sendung über das Gasteinertal zum Beispiel bereitet ein Hüttenwirt Rindsrouladen nach einem Rezept seiner Großmutter zu. Die ist, wie er, zwar nicht von da, aber die Rindviecher schon, die dafür geschlachtet wurden. »Alles regionale Produkte«, sagt er. Er kennt den Bauern und findet, dass es »so eine Freude ist«, die jetzt hier, in der herrlichen Gegend und im eigenen Wirtshaus, zubereiten zu dürfen. Seine Frau und er haben schon an vielen Orten gelebt und Gastronomie gemacht, aber jetzt sind sie endlich angekommen, in ihrem eigenen. Und nirgendwo ist es so schön wie hier, im herrlichen Gasteinertal.

Zwischen den Arbeitsschritten am Herd treffen wir eine Holz-und-Schmuck-Künstlerin, die aus Zirben- und Lärchenholz kunstvolle Dekorationssterne herstellt – die Idee dazu hatte schon ihr Vater –, und begleiten eine Kräuterpädagogin über die Bergwiesen, um wohltuende Hustenzuckerl zu machen.

Die Strategien sind in allen Formaten ähnlich. Sie verfertigen hübsche Miniaturen des ländlichen Lebens und arrangieren sie wie eine Filmkulisse. In die können wir uns hineinträumen, um unsere Sehnsucht nach einer heilen Welt zu stillen. Ein Las Vegas auf dem Lande. Denn so, wie dort der Eiffelturm neben der Rialtobrücke steht und die Freiheitsstatue neben dem Pantheon, zeigen auch diese Magazine uns das Land in perspektivischer Verkürzung und proportionaler Verdichtung. Schöne Panoramen und hübsche Details wechseln einander ab. Alles ist gefällig arrangiert. Nichts stört den

Blick, der wie eine Kamera genießerisch durch eine Welt gleitet, in der alles schmuck und übersichtlich ist.[17] So können wir uns von unserem Unbehagen in der Moderne erholen und den Alltag vergessen. »Wenn die Menschen unsere Bilder vom Land sehen«, sagt die Autorin, »denken sie sich: Da würde ich gerne mal Urlaub machen. Aber dann ziehen sie dahin und merken: Der See ist nur acht Wochen im Sommer schön, aber grausig im November. Sie sind enttäuscht, weil sie eine Fantasie aus dem Reiseprospekt mit dem echten Leben verwechselt haben. Ich habe das selbst erlebt, weil ich auf meine eigenen Geschichten reingefallen bin. Wir sind zu den Schwiegereltern aufs Land gezogen, aber ich habe es da nicht ausgehalten. Jetzt genieße ich dort meine Wochenenden, bin aber heilfroh, wenn ich am Montagmorgen wieder in meiner kleinen Wohnung bin und rausgehen kann, auf die Straßen, in die Stadt.«

Die Vorstellung vom goldenen Landleben ist ein banaler Mythos, der »die Realität der Welt in ein Bild der Welt [und] die Geschichte in Natur verwandelt«, wie der Philosoph Roland Barthes sagt.[18] Sie lässt eine artifizielle und mit allen Mitteln der Kunst inszenierte Sicht auf die Welt so erscheinen, als ob es ein Stück Natur sei und gar nicht anders sein könnte. Jede Alternative erscheint ihr gegenüber falsch zu sein. Deshalb fallen auf die schönen Bilder vom Land nicht nur zivilisationsmüde Städter herein, sondern mitunter sogar die, die sie fabrizieren. Es ist die Vorstellung eines wahren oder unverstellten Lebens. »Glücklich ist der, der fern

von Geschäften, wie das Menschengeschlecht der Vorzeit ...«[19] Ihre Verführungskraft ist so immens, dass sie
das reale Leben falsch erscheinen lässt und sich selbst
als das einzig richtige Leben. Deshalb glauben wir, wir
müssten nur von der Stadt aufs Land ziehen, um aus
dem falschen Leben in das richtige zu kommen. Dieser Traum trägt die Landlust rechts wie links und in der
Mitte. Denn auch die linke Landlust nährt der Traum,
aus der modernen Welt auszusteigen.

RAUS AUS DER STADT, LINKS

Die linke Landlust ist ein internationales Phänomen und so alt wie die Moderne selbst, gegen die sie sich richtet. Die Linken wollen zwar nicht heim ins Reich, aber immerhin den Wiederanschluss an ein goldenes Zeitalter oder die *Schöne alte Welt*, wie ein *praktischer Leitfaden für das Leben auf dem Lande* des englischen Bestsellerautors Tom Hodgkinson heißt.

Darin erklärt er, dass die alte Welt die schönere Welt war, weil sie noch nicht von Gewinnstreben und blanker Zweckrationalität beherrscht wurde, sondern von heiteren, philosophischen Bauern. Denn: »Philosophie ist die Suche nach der Wahrheit und die Erforschung der Möglichkeiten, gut zu leben. Landwirtschaft ist die Kunst, sich und seine Familie zu versorgen. Und Heiterkeit ist die wichtige Fähigkeit, sich gut zu amüsieren, und das heißt, zu feiern, zu tanzen, zu scherzen und zu singen.«[20] Hodgkinsons Entwurf des Landlebens orientiert sich an der »Zeit vom antiken Griechenland bis zum Ende des Mittelalters«, als Philosophie, Landwirtschaft und Heiterkeit noch gepflegt wurden und »die kultivierte Muße der wichtigste Teil des Lebens« war.[21]

In der Praxis leben die Linken vom Land jedoch fast genauso wie die Rechten. Sie hocken auf alten Bauernhöfen und hacken Holz. Sie mahlen ihr eigenes Mehl und halten Hühner (wehe, der Fuchs kommt!). Sie töpfern am Nachmittag, und wenn die Sonne scheint, arbeiten sie auch mal im Garten. Abends brauen sie Bier oder schlachten einen Hasen. Sie sind mehr Philosophen als Landwirte und geben ihrem Leben bäuerliche Akzente. Sie tun das aber nicht, um sich wieder mit einer mythischen Zeit und der unaufgeklärten Vergangenheit des Volkes zu verbinden, sondern um der Lohnsklaverei in den Büros und Fabriken zu entkommen. Selbstversorgung als Sparmaßnahme und Lifestyle. Das ist ihre »Auflehnung gegen die Totalherrschaft der Gegenwart«. Denn sie glauben, dass die moderne Zweckrationalität und Industrie das Leben zerstören. Sie entfremden den Menschen von sich selbst und versklaven ihn. Deshalb wollen sie die Arbeit wieder konkreter an die Erfüllung ihrer individuellen Bedürfnisse binden und die Arbeitsteilung auflockern.

Karl Marx' Utopie war es, »heute dies, morgen jenes zu tun, morgens zu jagen, mittags zu fischen, abends Viehzucht zu treiben, nach dem Abendessen zu kritisieren [also Kritiken über Kunst oder gesellschaftliche Themen zu schreiben], ohne je Jäger, Fischer, Hirt oder Kritiker zu werden, wie ich gerade Lust habe«.[22] Die Landhippies wollen das auch. Marx verachtete jedoch das Landleben aufgrund seiner unzivilisierten Rückständigkeit und Versippung. Er nannte das seinen »Idiotismus«.[23] Er war froh, dass die Industrialisierung den Menschen daraus befreite, und er hoffte, dass sie den Bauernstand zerstören würde. Seine Utopie vom freien Leben glaubte er nur durch eine proletarische Revolution verwirklichen zu können, die die Produktionsmittel vergesellschaftet und die Menschen von der Not zur Arbeit befreit. Die Landhippies wollen jedoch wieder heim in die Idiotie des bäuerlichen Lebens. Wo Marx in eine revolutionäre Zukunft voranschritt, träumen sie sich in ein goldenes Zeitalter zurück.

Hodgkinsons Motto lautet: »Wir müssen zurück in die Freiheit oder voran in die Sklaverei.«[24] Er hat es vom englischen Kriminalautor Gilbert Keith Chesterton, der um 1900 selbst ähnliche Pläne propagierte und wollte, dass die britischen Familien sich selbst versorgen: »Jedermann sollte eine Kuh und drei Morgen Land besitzen können.« Wie Hodgkinson lehnte er die moderne Lebensweise ab, liebte die Vorzeit und die kultivierte Muße als Resultat eines einfachen Lebens auf dem Lande. Diese Verbindung hatte schon Thoreau gezogen, als er 1845 in seine Blockhütte zog, um ein alternatives und vor allem müßiges Leben zu führen. Dabei stellte er fest, dass er sich mit der Arbeit von sechs Wochen ein ganzes Jahr ernähren konnte, wenn er nichts anderes aß als selbst gezogenen Mais und Bohnen.[25] In unserer Wohlstandsgesellschaft ist das nicht mehr so ohne Weiteres vorstellbar. Es war aber auch Thoreaus Zeitgenossen schon zu wenig. Einige arme Familien, die von der öffentlichen Wohlfahrt lebten und denen zu helfen Thoreau von der Gemeinde aufgefordert worden war, erklärten, sie blieben lieber arm, als sich zu Thoreaus Lebensstil herabzulassen.[26] Das Ideal eines (mehr oder minder) bescheidenen und müßigen Lebens ohne viel Arbeit und Verpflichtung ist gleichwohl geblieben und für die Landhippies besonders wichtig. Hodgkinson ist mit einer Zeitschrift berühmt geworden, die *The Idler* heißt, also *Der Müßiggänger*. In einem Buch, das er aus seinen Beiträgen gemacht hat, singt er beispielsweise ein Loblied auf das Rauchen: Es entspannt und produziert nichts weiter als blauen Dunst. Die perfekte Art und Weise, müßig zu sein. Am besten, sagt Hodgkinson, man hat alle Arten von Rauchwaren zu Hause: Zigaretten für den Sommer, Pfeifen für den Winter und edle Zigarren für besondere Anlässe. Und nimmt sich jeden Tag zwei, drei Stunden Zeit, um nichts anderes zu tun, als Rauch in die Welt zu blasen.

ERBSCHAFT MACHT FREI

Mir ist das sehr sympathisch, und bei uns am Ammersee sind die Hippies die nettesten Leute. Einer von ihnen, Piet, hat eine Strandbar und betreibt eine Demotivationsakademie. In der Bar arbeiten alle linksalternativen Jugendlichen, die es hier gibt, in der Akademie kann man Entspannung lernen. »Alles soll, nichts will« heißt das Motto. Hodgkinson würde es gefallen.

Langsam wird es aber eng für die Hippies, denn wenngleich manchmal hundert Leute vor Piets Bar stehen, seine Demotivations-T-Shirts und Drinks kaufen und relaxed in den Sonnenuntergang schauen – die Lage ist in Wirklichkeit alles andere als entspannt. Denn hundert Leute heißt auch, dass schon wieder ein Dutzend Münchner raus an den See gezogen sind und die Preise hochtreiben. Piets Bar hat nur auf, solange es noch keinen Frost gibt. Nicht weil es nicht auch im Winter genug Nachfrage gäbe, aber die Wasserleitungen, die sein Schwager Anfang der Achtzigerjahre zum selbst gebauten Schuppen verlegt hat, verlaufen oberirdisch und frieren bei Kälte zu. Piet würde das gerne ändern, doch die Eigentümer des Grundstücks wollen sich den Lärm nicht auf Dauer zumuten, auch wenn sie es gut finden, dass die Bar die billigste Maß in Oberbayern verkauft und sich mit selbst gebastelten Ketten der Kinder aus der Nachbarschaft schmückt. Manchmal habe ich den Eindruck, dass es sich mit der Flucht aufs Land so ähnlich verhält wie mit dem Reisen in fremde Gegenden. Sie zerstört, was sie finden möchte.

Aber womöglich ist das auch schon wieder zu romantisch gedacht. Denn Piets Bar und die ganze Hippieenklave am Ammersee gäbe es ohne die bourgeoisen Kräfte gar nicht, die sie ermöglichen. Dialektik der Freiheit.

Piets Bar steht auf einem Grundstück, das Bernd, ein Freund seines Schwagers, Mitte der Nullerjahre geerbt hat. Damals stand noch ein Häuschen aus der Zeit darauf, als zweitklassige Nazis hier am See Bohème spielten. Bernd kam mit seinen Freunden aus »Nordostoberfranken« zunächst nur her, um Partys zu feiern. Einige von ihnen blieben. Hans ließ sich vom Fischer im Bootsverleih anstellen. Als das alte Haus abgerissen werden musste, verkaufte Bernd die Anteile am Grundstück an seine Kumpels zum Freundschaftspreis und baute mit ihnen ein großes Haus, um mit ihnen einen gemeinsamen Alterssitz zu haben.

Als ich Bernd bei einem Grillabend meines Nachbarn kennenlernte, vor dem ich immer ein bisschen Angst habe, weil er gerne mal mit seinem Sportbogen Pfeile in unseren Garten schießt, erklärte er mir, er gehöre zum Glück nicht zu den Leuten, die den ganzen Tag in das Hamsterrad nach München müssen, um hier wohnen zu können. Der Leistungsanspruch, den sich diese Menschen zumuten, sei ihm höchst suspekt. Er beschäftige sich ein paar Stunden die Woche in der Altenpflege, um etwas Sinnvolles zu tun, importiere Grillsaucen aus der Karibik und genieße ansonsten das Leben. Die Frau meines Nachbarn pflichtete ihm bei: »Gott sei Dank haben wir dieses Haus von meiner Mutter bekommen. Mit diesen Businesstypen aus München will ich nichts zu tun haben. Ist doch schrecklich, immer nur ans Geld zu denken.« Thoreau hätte dem zugestimmt. Nur dass er seine Blockhütte eben selbst gebaut hat und sie sich nicht von seiner Mama schenken ließ.

Wenn die Strandbar schließt, lädt Bernd manchmal noch Leute zu sich nach Hause ein. Ich war auch mal mit. Es gab veganes Curry, hammerharte Margaritas und dicke Zigaretten. Später zogen sich alle nackt aus, gingen in die Sauna und sprangen in den See. Ich wäre gerne mitgekommen, aber ich musste am nächsten Morgen arbeiten.

Hans' Bootsverleih ist ein Paradies. Die Saison geht von Ostern bis in den Herbst. Im Winter pflegt er die Boote, fängt ein paar Fische und segelt. Dieses schöne Leben ist jedoch nicht nur eine Frucht der saisonalen Arbeit, sondern auch einer glücklichen Vereinbarung mit dem Fischer. Leben und leben lassen.

Aber auch dort, wo das alternative Landleben billig ist, wird es vom Geldmangel bedroht, weil es dann oft auch keine Arbeit gibt. Wie schwer es dann ist, auf dem Land gut zu leben, schildert Moritz von Uslar in seinen Reportagen über die ostdeutsche Provinz: eine Welt voller Männer ohne Frauen, die Hartz IV, der Alkoholismus und die »Arbeitslosigkeit krank gemacht« haben oder die jeden Tag aufs Neue alle Künste ihres eulenspiegelnden Witzes aufbieten müssen, um es nicht zu werden.[27]

Bei Hodgkinson war es ähnlich. Er gab sein Leben in der *schönen alten Welt* alsbald wieder auf und zog zurück nach London. Auf meine Frage, warum er das tat, schrieb er mir, er habe seinen Kindern, die Teenager wurden, eine Jugend auf dem Land nicht zumuten wollen, und er habe sich das müßige Landleben nicht mehr leisten können: »Der zweite Grund war Geld. Mein Verleger hatte mich abserviert, und ich hatte keine Buchaufträge mehr. Also beschlossen wir, dass es sinnvoll wäre, zurück nach London zu ziehen, um unser Geschäft – einen Laden, ein Café und eine Schule – wiederaufzunehmen.«[28] Auf dem Land gab es zwar viele Freigeister und Hippies, mit denen er Schnaps brennen und Partys feiern konnte, aber keine Möglichkeit, seinen Lebensunterhalt zu verdienen.

Das Landleben war traditionell ein armes Leben und ist es für viele Menschen immer noch, wenn auch nicht mehr so arm wie früher. Mein Vater, Jahrgang 1946, war mit sechs so unterernährt, dass er neunundzwanzig Wochen in einem Heim bei Rheda aufgepäppelt werden musste. Dieses Heim war voll mit Jungs wie ihm, die ihre Eltern trotz harter Arbeit nicht satt bekamen. Wo es keine Hidden Champions gibt, die aus der Provinz heraus ihre Branche beherrschen, ist es heute immer noch schwer, sein Auskommen zu finden. Es sei denn für die Happy Few, die ihr Geld in der Stadt (oder im Homeoffice für die Stadt) verdienen – oder Immobilien besitzen, die sie zu Geld machen können.

Wenn Hans arbeiten muss, bringt er morgens die Boote raus und stellt einen kleinen Tisch mit einem grünen Telefon auf die Promenade, auf dem die Kunden anrufen können. Nicht, um sich ein Boot zu reservieren – das geht nicht –, aber für den Fall, dass sie auf dem See Probleme haben. Neben dem Tisch steht ein orthopädischer Kniestuhl aus den frühen Neunzigerjahren, auf dem Hans thront, bis die Sonne untergeht. Beim Verleihgeschäft helfen Kinder. Sie wenden und vertäuen die Boote und helfen den Kunden beim Ein- und Aussteigen. Hans gibt Anweisungen, überwacht mit einem Fernglas die Boote auf dem See und kassiert das Geld. Scheine in die Jeansjacke, Münzen in eine Kokosnussschale auf dem Tisch. Meine fünfjährige Tochter (sie ist im zweiten Jahr) darf manchmal abends nach Geschäftsschluss die Elektroboote auf die Trailer fahren, mit denen diese dann in die Halle gezogen werden. Ich habe sie kaum je stolzer gesehen als an den wagenradgroßen Lenkrädern, und ich liebe Hans dafür, dass er ihr dieses Glück schenkt. Wenn sie nächstes Jahr in die Schule kommt, darf sie auch nachmittags mithelfen. Ich glaube, sie wird dann zu Hause gar nicht mehr zu sehen sein. Denn selbstredend werden die Helfer bei Hans auch verpflegt, mit Radieschen, Käsebroten, Limos und die erwachsenen Helfer auch mal mit Bier. Dann geht Hans nach hinten in die Halle und holt ein Gebräu aus dem Eisschrank, das es nur in seiner Heimat gibt und in einem ausgeklügelten Transportsystem, dessen Schilderung mich an das Postkutschenwesen der Fürsten von Thurn und Taxis erinnerte, immer wieder frisch hergekarrt wird: Huppendorfer Hell. Der enge Clan der alten Hofer trinkt das die ganze Zeit. Für uns Außenstehende kommt es jedoch einem Ritterschlag gleich, wenn Hans, der König der Promenade, uns eine Flasche schenkt, einfach so, weil man grad dasitzt und seiner Tochter beim Booteparken zusieht oder versucht, die hunderttausend Mücken abzuwehren, die einen abends attackieren. Man nimmt es als Auszeichnung entgegen, trinkt es glücklich in kleinen Schlucken und kühlt mit der Flasche seine Stiche.

HÖFISCHES LANDLEBEN

In solchen Szenen wird ein besonderes Merkmal des dörflichen Lebens deutlich, das es im städtischen Leben in dieser Ausprägung nicht gibt, sondern eher an höfische Gesellschaften erinnert: das feine System von Anerkennung und Abwertung.

Am Hofe des Ancien Régime, der, wie der Bootsverleih von Hans, eine erweiterte Haushaltung des Königs war, vermischten sich Berufs- und Privatleben, weil insbesondere die Aristokraten zwar nicht arbeiteten, aber sich natürlich trotzdem in der Hierarchie des Hofes behaupten und aufsteigen wollten. Damit wurde die Art und Weise, wie sie sich in ihrer vermeintlichen Freizeit verhielten und vergnügten, zum entscheidenden Instrument ihrer Karriere. Freizeit und Vergnügungen wurden zur eigentlichen Arbeit, schreibt der Soziologe Norbert Elias.[29] Das Leben als permanente Bühneninszenierung.

Für die kleinen Leute war das zunächst anders. Sie konnten den lieben Gott noch einen guten Mann sein lassen und Privates und Berufliches trennen. Das änderte sich jedoch nach dem Zweiten Weltkrieg. Es entstand ein *Neuer Geist des Kapitalismus*, der von seinen Teilnehmern ganz ähnliche Verhaltensweisen verlangte wie der königliche Hof von den Aristokraten und seine Segnungen nicht mehr nur nach Leistung, sondern auch nach sozialen Fertigkeiten verteilte wie etwa der, Netzwerke zu bilden oder gut angesehen zu sein.[30] Überhaupt änderte sich der Menschenschlag – im Grunde schon mit der Französischen Revolution. Denn die Menschen wurden nun mehr und mehr vom »Wunsch nach Anerkennung« getrieben.[31] Aber niemand kann sich selbst anerkennen. Er braucht immer die Anerkennung der anderen. »Das Selbstbewußtsein«, schreibt der Philosoph Hegel, »erreicht seine Befriedigung nur in einem anderen Selbstbewußtsein.«[32] Der Mensch muss sich anderen aussetzen und schauen, ob sie ihn gut finden. Tun sie es nicht, muss er sich verändern. Damit wird das Leben zum Theaterspiel. Jeder spielt eine Rolle für die anderen und hofft auf Applaus für seine Darbietung.

Die Parallele des modernen Kampfes um Anerkennung zum Leben am Hofe ist beim Leben in der Provinz jedoch viel deutlicher als beim Leben in der Stadt. Denn während der Hof aus einer exklusiven Gruppe von wenigen hundert Menschen bestand, die einander alle kannten, stets zusammen waren und einander durchgängig beobachten konnten, gibt es diese soziale Nähe im städtischen Leben nicht. Die Menschen leben in der Stadt zwar räumlich eng beisammen, aber sozial weit entfernt, und jeder kann sich seine eigene Gruppe suchen, um Anerkennung zu finden. Die Situation auf dem Lande ist hingegen exklusiver. Die Menschen leben räumlich weiter voneinander entfernt, sozial aber enger zusammen. Es gibt viel weniger Gruppen, in denen die Menschen Anerkennung finden können. Zugleich üben diese Gruppen eine größere soziale Kontrolle auf die Einzelnen aus. Wer anerkannt sein möchte, muss sich mit den Werten und Überzeugungen dieser Gruppe identifizieren, den Handlungs- und Bewertungsmustern, die sie verbinden, folgen und sich selbst im Sinne ihrer Klassifikationsmuster entwerfen. Die entscheiden nämlich darüber, wer drin ist und wer draußen.

Das ist zwar bei allen Gruppen so, die Dominanz einiger bestimmter Gruppen auf dem Lande schränkt die Möglichkeiten, sein Leben selbst zu gestalten, jedoch massiv ein. Zudem sind die normativen Ordnungsmuster, die die Zuordnung regeln, in der Provinz viel dichter gewebt.

PROVINZIELLE ZENTREN

Diese Exklusivität der Gruppen spiegelt sich in der Exklusivität des Ortes, an dem das öffentliche Leben stattfindet. Auf dem Lande ist es um ein oder wenige Zentren organisiert. Denn auch wenn es auf den ersten Blick so scheinen mag, als gäbe es keine architektonischen Unterschiede mehr zwischen (Vor-)Stadt und Land, weil die Häuser und Gärten alle gleich aussehen (fast niemand versorgt sich mehr selbst), ist das wesentliche Kriterium doch jenes, dass sich das öffentliche Leben in der Provinz an einem Ort abspielt. Provinz ist, wo es ein Zentrum gibt, den Dorfplatz, die Hauptstraße – und wer eine *bella figura* machen will, muss da auftreten und da ankommen. »Hier ist die Rose. Hier tanze«, sagt Hegel.[33]

Insofern ähnelt das Leben in der Provinz dem Leben in einer italienischen Kleinstadt früherer Tage, wo die *Passeggiata* zum Höhepunkt des Tages gehörte, nur eben ohne Grandezza, beherrscht nicht von der Eleganz und dem milden Licht Arkadiens, sondern der praktischen Intelligenz zivilisierter Tiere. Homo faber statt Homo ludens.

Im westfälischen Dorf, in dem ich aufwuchs, war das Dorfzentrum die kleine Kreuzung zwischen dem Dorfladen, dem Schmied und der Kneipe meiner Oma. Hier am See ist es die Uferpromenade, vor allem der Teil zwischen dem Dampfersteg im Norden und dem Hotel im Süden, entlang der Wohnhäuser mit Eisdiele, Zahnarzt und Reisebüro, der Strandbar, dem Bootsverleih und dem Fischladen. Hier trifft man sich und ratscht, feiert Geburtstage und ärgert sich über die Touristen, die den Ort an sonnigen Wochenenden noch zahlreicher heimsuchen als die Mücken, weshalb viele Einheimische dann gar nicht erst das Haus verlassen.

Der Exklusivität des gesellschaftlichen Ortes in der Provinz entspricht einer Exklusivität der sozialen Ordnung. So wie man auf dem Land nur an einen einzigen (oder ganz wenige) Ort gehen kann, wenn man am öffentlichen Leben teilhaben möchte, gibt es auch nur eine sehr begrenzte Vorstellung davon, wie man zu sein und zu leben hat, wenn man anerkannt werden will, der sich, bei aller Freiheit, auch Hans anpasst.

MIA SAN MIA

Und nicht nur das. Während urbane Menschen so gleichgültig gegeneinander sind, dass jeder nach seiner Fasson glücklich werden darf, kann unter Provinzlern auch der Frömmste nicht in Frieden leben, wenn es seinen Nachbarn nicht gefällt. Denn sie schenken ihre Anerkennung nicht nur allein denen, die den Werten ihrer Gruppe entsprechen, sondern stoßen sich auch an denen, die das nicht tun.

Ein zentraler Aspekt der hiesigen Gruppenidentität ist beispielsweise das traditionelle Familienbild. Die Mütter leisten den Löwenanteil der Care- und Sorgearbeit, die Väter den des Geldverdienens.

Das ist vielleicht vielerorts so, weil sich Frauen, wie Untersuchungen zeigen, besonders häufig zu ökonomisch überlegenen Männern hingezogen fühlen und die Standardrollen dann praktische Vorteile haben. Auf dem Land schlägt sich diese matrimoniale Normalverteilung aber etwas dichter nieder als in den Städten.[34] Das ist freilich erst möglich, seitdem auf dem Land zu leben nicht mehr automatisch heißt, von der Landwirtschaft zu leben. Denn auf den alten Höfen mussten alle mitarbeiten, und den Luxus einer Stay-at-home-Mom konnte sich keine Bäuerin leisten. Heute stellen die vermeintlich traditionellen Mütter und Väter ihre Rollen jedoch ostentativ zur Schau. Die Frauen reden die ganze Zeit von ihren häuslichen Besorgungen und den Kindern, die Männer von dem, was sie erworben haben und zu erwerben gedenken. Es ist im Grunde so wie in Friedrich Schillers *Lied von der Glocke* (1799), nur noch viel schlimmer. Denn während Schiller die damals schon brüchigen Rollenbilder ganz bewusst pathetisch überhöhte, um das von Auflösung bedrohte Patriarchat zu verteidigen oder als ein verlorenes Ideal zumindest in der Dichtung noch einmal aufscheinen zu lassen, wird sein reaktionär-sentimentales Klischee in der deutschen Provinz jeden Tag aufs Neue zur bedrückenden Wirklichkeit – zumindest dann, wenn man den Selbstbeschreibungen der Mütter und Väter Glauben schenkt.

»Der Mann muß hinaus
Ins feindliche Leben,
Muß wirken und streben
Und pflanzen und schaffen,
Erlisten, erraffen,
Muß wetten und wagen,
Das Glück zu erjagen.
Da strömet herbei die unendliche Gabe,
Es füllt sich der Speicher mit köstlicher Habe,

Die Räume wachsen, es dehnt sich das Haus.
Und drinnen waltet
Die züchtige Hausfrau,
Die Mutter der Kinder,
Und herrschet weise
Im häuslichen Kreise,
Und lehret die Mädchen
Und wehret den Knaben,
Und reget ohn' Ende
Die fleißigen Hände,
Und mehrt den Gewinn
Mit ordnendem Sinn,
Und füget zum Guten den Glanz und den Schimmer
Und ruhet nimmer.«

Bei uns war die Rollenverteilung anders, und so begegnete ich überall, wo ich mit den Kindern war, Müttern – im Supermarkt oder auf dem Spielplatz, beim Arzt oder beim Turnen: nichts als Mütter, Mütter mit ihren Kindern. Keine Twens, keine kinderlosen Karrierefrauen, keine abgewrackten Medienfuzzis oder spätadoleszenten Geistesarbeiter, die bis mittags schlafen und dann erst mal Kaffee kaufen müssen – immer nur Mütter und Kinder. Die nachmittägliche Welt des Dorfes ist wie ein Bilderbuch aus dem Frauenladen, nur mit umgekehrten Vorzeichen. Schwarze Propaganda für das Patriarchat.

Hin und wieder mischten sich selbstredend auch Väter darunter, vorzugsweise am frühen Abend oder an den Wochenenden, denn die modernen Papas müssen neben den nicht gesunkenen Anforderungen an den Erwerb auch noch häusliche Versorgungen erledigen und die verpasste Quality-Time mit den Kindern nachholen. Im Grunde aber war ich allein unter Frauen, die mich meist mitleidig ansahen und mir – wie die Väter nach Dienstschluss auch – damit ihr Bedauern darüber mitteilten, dass ich mich mit erst zwei, dann drei kleinen Kindern durch die Tage kämpfte, während meine Frau sich in ihrer Arbeit selbst verwirklichte.

Meine Frau spürte diese Blicke aber ebenfalls. Blicke, bei denen man sich auf eine Weise angesehen fühlt, als sei man bei einem Verbrechen oder zumindest einer Untat ertappt worden. »Man sieht mich!«, sagt Sartre. Meine Aufmerksamkeit wird von mir selbst abgezogen, und ich bekomme das »Gefühl, mein Sein draußen zu haben, verstrickt in einem anderen Sein«.[35] Dieses andere Sein sind die Werte und Normen der Gruppe. Die Blicke der anderen ziehen es dahinein und vor ihren Richterstuhl. Sie machen mich zu einem Objekt ihrer Bewertung. Ich sehe mich mit ihren Augen, und weil ich weiß, dass ich ihren Vorstellungen nicht entspreche und ihren Ansprüchen nicht genüge, fühle ich mich ertappt und beschämt. Das ist ein universales Phänomen, aber es wirkt umso stärker, umso enger die sozialen Beziehungen sind, umso interessierter wir aneinander sind und umso mehr wir voneinander wissen. In der Gleichgültigkeit und Indifferenz der Städte besitzt es weniger Kraft als in der Gemeinschaft des Dorfes. Und dort traf es mich natürlich nicht halb so hart wie die, die wirklich zu den Außenseitern gehören, weil sie alleinerziehend sind, Ausländer oder sich, wie die nette Person, die ich immer vor der Kinderkrippe traf, weil sie im Altenheim nebenan als Pflegekraft arbeitete, langsam in eine Frau verwandeln, und die im Dorfleben noch seltener auftauchen.

Nachdem wir rausgezogen waren, sagte meine Frau manchmal zu mir, sie vermisse das Gefühl, in der Masse unterzutauchen. Ich wusste nicht recht, was sie damit meinte, bis ich die Blicke der Mütter auf mir spürte, wenn ich wieder einmal mit noch schlafgrauem Gesicht zu spät in den Kindergarten kam und sie beim Rausgehen mit leisem Lächeln die schon von innen verschlossene Tür vor mir ins Schloss fallen ließen. Es ist die Unmöglichkeit, in der Provinz bei dem, was man tut, nicht gesehen zu werden; diese von Soziologen dem Hof, dem disziplinierenden Staat oder auch den sozialen Medien zugeschriebene Immer-Sichtbarkeit, die der englische Philosoph Jeremy Bentham als Höchststrafe für Kriminelle erkor, als er sich ein Gefängnis ausdachte, bei dem die Insassen in den Zellen eines nach außen offenen Turmes leben – unter ständiger Beobachtung ihrer ringförmig patrouillierenden Wärter – und die im Katechetenunterricht meiner Kindheit das Inbild für die umfassende Herrschaft des Schöpfers war. Denn Gott sieht alles.[36] Das Dorf aber auch. Man sieht dich, und jeder Blick richtet dich.

Ich habe versucht, diese Blicke, so gut es geht, zu ignorieren, weil ich mit mir selbst zufrieden und der

Meinung war, solange ich keine Gesetze breche, unsere Kinder nicht misshandle oder andere nicht verletze, ginge es niemanden etwas an, wie ich lebe. Aber das hat nicht besonders gut funktioniert. Denn wenngleich ich meine Anerkennung weiterhin bei meinen Leuten in der Stadt gesucht habe, war ich gegen die Vorbehalte auf dem Dorf doch nicht immun. Ich fühlte mich meinen Freunden weiterhin verbunden, lebte aber unter Menschen, die mich eher geringschätzten. Und das versetzte mich in eine gespannte Unruhe, die mich daran hinderte, mich irgendwo zu Hause zu fühlen. In der Stadt war ich zu Besuch, auf dem Land nicht daheim und überall ein bisschen fremd. Die einen Wurzeln hatte ich gekappt, die anderen nicht geschlagen.

Allerdings fehlte mir auch der unbedingte Wille, es hier zu schaffen, die *You only live once*-Mentalität, die sich andere Zugezogene als Sticker auf ihren Land Rover klebten und mit der sie sich zu einer permanenten Grundstimmung höchster Positivität regelrecht zwangen.[37] Wie schwer das mitunter auch ihnen fiel, verrät das Bedürfnis, bei jeder Gelegenheit zu betonen, wie geil es doch sei, »an diesem wunderschönen Ort zu leben«, und »was für ein Privileg für die Kinder, dass sie hier aufwachsen dürfen« – solcherlei Sätze, die nur Zugereiste sagen. Aber ich war zu skeptisch, um unser Leben ideologisch zu sehen, und zu zögerlich-weich, um mir etwas abzuringen, dessen Güte mir immer fraglich blieb.

Die Menschen hier haben mein Zögern und meine Distanz natürlich gespürt und sie vielleicht als Ablehnung ausgelegt. Ich weiß noch, wie ich mal wieder alleine vor der Schorre stand und eigentlich niemand mit mir reden wollte. Sobald ich näher trat, öffneten sich die Reihen nur, damit ich bestellen konnte, und wenn ich es nicht tat, schlossen sie sich wieder. Ich muss ein bisschen traurig dreingeblickt haben, denn nach der zweiten Halben kam eine Frau zu mir und sagte: »Die Menschen ignorieren dich nicht. Sie sprechen nur deshalb nicht mit dir, weil sie nicht wissen, was sie mit dir reden sollen und eventuell sogar befürchten, etwas zu sagen, das du unbedeutend oder sogar dumm finden könntest.«

Ich erschrak darüber, weil ich nicht ahnte, dass meine Unsicherheit als Ablehnung erscheinen könnte und dass meine heimliche Distanz mir so deutlich ins Gesicht geschrieben stand. Aber vielleicht hatte ich auch die Wirkung eines ganzseitigen Interviews mit der *Süddeutschen Zeitung* unterschätzt, in dem ich die Menschen am Ammersee (die Bewohner des Fünfseenlands) als reichen Pöbel bezeichnet hatte, dessen Welt an der sich kräuselnden Uferlinie endet und der sich in seiner Selbstverliebtheit nicht vorstellen kann, dass es noch andere Probleme gibt als die Anforderungen des Statuskonsums. Mein Haus, mein Auto, mein Boot!

Die Menschen hier haben es allerdings auch nicht bei abschätzigen Blicken belassen. Als wir gut ein Jahr hier lebten und ich mit meinen Töchtern beim Kinderturnen saß – die kleine robbte grad über eine Matte zu unseren Füßen, während die größere auf einer Bank neben mir

Brotzeit hielt –, setzte sich eine Mutter neben mich. Sie beugte sich mit einem Lächeln zu meiner älteren Tochter und fragte: »Sag mal, ich sehe dich immer nur mit deinem Vater, nicht nur beim Turnen, auch auf dem Spielplatz, beim Einkaufen oder im Kindergarten. Hat denn deine Mutter gar kein Interesse, auch mal etwas mit dir zu unternehmen? Bist du ihr völlig egal?«

Ich war einen kurzen Augenblick sprachlos über diese Gemeinheit. Im Nachhinein frage ich mich allerdings, warum sie sich überhaupt zu so einer Bösartigkeit hinreißen ließ. Ihre Frage war ja offensichtlich nicht an meine Tochter gerichtet, sondern an meine Frau und mich. Aber sie nahm die Verletzung des Kindes ganz bewusst in Kauf, um uns nicht direkt, aber desto eindringlicher mitzuteilen, in welcher Hinsicht wir den Werten der Gemeinschaft nicht entsprächen und dass unsere Abweichung vom gewünschten Verhalten unsere Elternschaft insgesamt moralisch fragwürdig erscheinen lasse.

IM DUNKLEN TALE DER GEMEINSCHAFT

Was aber ging es diese Frau überhaupt an, wie wir die Kinderbetreuung organisierten? Um das zu verstehen, müssen wir uns die zivilisatorische Rückständigkeit des Landlebens vor Augen führen, seine »Idiotie«, wie Marx sagt. Die dörfliche Gemeinschaft ist nämlich durch etwas verbunden, das der Soziologe Ferdinand Tönnies als Gemeinwillen bezeichnet. Er umfasst die Werte und Überzeugungen der Gemeinschaft, die Handlungs- und Bewertungsmuster, die sie verbinden. Dieser Gemeinwille zeichnet vor allem historisch ursprüngliche Gemeinschaften aus, also etwa Deichgenossenschaften oder Dörfer.[38] Hier verbinden sich die Menschen durch Nachbarschaft, Verwandtschaft, Freundschaft und gemeinsame Werte derart, dass sie das alles bejahen. Sie sagen Ja zu ihren Verwandten, Ja zu ihren Nachbarn und Ja zu den geteilten Werten und Überzeugungen, Handlungsweisen und Bräuchen.

Dadurch entsteht eine »dichte Normativität«, wie Tönnies Kollegin Eva Illouz sagt. Ihr liegen große kollektive Erzählungen zugrunde, und sie legt eindeutig fest, was gut und was böse, was moralisch und was unmoralisch ist.[39]

Moderne Gesellschaften sind hingegen jenseits von Gut und Böse. Sie haben, angetrieben von Aufklärung, Handelsgeist und dem Prozess der Zivilisation, die dichte Normativität der Gemeinschaft verdünnt und in Prozessen, Regeln und Institutionen aufgelöst. Diese bilden den lockeren Rahmen, in dem jeder seinen individuellen Interessen, Wünschen und Vorstellungen (seinem *Kürwillen*, wie Tönnies sagt) folgen und nach seiner Fasson glücklich werden kann, wenn er die Mittel dazu hat.

In einer Gesellschaft mit dünner Normativität können Eltern die Rollen verteilen, wie sie lustig sind. Sie können ihre Kinder sogar vierundzwanzig Stunden am Tag von Nannys betreuen lassen, wenn sie das Geld dazu haben. In einer Gemeinschaft mit dichter Normativität, in der die Familie ein hohes kulturelles Gut ist, geht das nicht. Die Abweichung wird geahndet, wie auch der Verstoß gegen Gesetze in einer modernen Gesellschaft geahndet wird. Aber beides geschieht auf je eigene Art durch Regeln und Prozesse in der Gesellschaft, durch moralische Verurteilung und Beschämung in der Gemeinschaft. Und das hat die Mutter beim Turnen gemacht.

Natürlich sind Gemeinschaft und Gesellschaft, dichte und dünne Normativität nur Modelle. Sie bezeichnen keine strenge historische Folge, sondern kommen oft zusammen vor – wie Stadt und Land. Wir stehen in Beziehungen, die gemeinschaftlich sind (z. B. mit unserer Familie und Freunden), und solchen, die gesellschaftlich sind, z. B. mit unseren Arbeitskollegen, Kunden oder der WG zwei Straßen weiter. Auf dem Land zu leben heißt jedoch, mit allen Leuten eine Gemeinschaft zu bilden, sich nicht nur durch Regeln, Institutionen und wechselseitige Interessen zu verbinden, sondern vieles gemeinsam zu wollen und auch den Nachbarn oder die WG zwei Straßen weiter als (entfernte) Verwandte zu betrachten.

Das hat viele positive Konsequenzen. Hans würde fremde Kinder nicht beschäftigen. Wenn ich im Ort etwas kaufe, muss ich nicht befürchten, dass mir irgendein Schmarrn angedreht wird und im Copyshop oder in der Bar kann ich auch nächste Woche noch bezahlen, weil die gesellschaftliche Beziehung zwischen Käufer und Verkäufer von einer gemeinschaftlichen Beziehung unter Nachbarn überlagert wird, die ein gegenseitiges Wohlwollen etabliert. Auch die viel gerühmte dörfliche Hilfsbereitschaft verdankt sich dem Zusammenhalt der Gemeinschaft. Wenn ich irgendein handwerkliches Problem habe, kann ich mir von meinem Nachbarn nicht nur jedes Werkzeug leihen, sondern finde auch tatkräftige Unterstützung, es anzuwenden. Meinem Onkel Werner ist dreimal das Haus voll Wasser gelaufen, weil der begradigte Dorfbach bei starkem Regen über die Ufer tritt, und jedes Mal halfen ihm seine Nachbarn bis spät in die Nacht, die braune Suppe abzuschöpfen und sein Hab und Gut aus den Fluten zu fischen. Aber sie erwarten das natürlich auch von ihm. Und wenn meine Hecke etwas zu lang wird, winkt mich mein Nachbar heran und schilt mich wie einen Schuljungen mit wedelndem Zeigefinger. »Hast du etwa deine Hecke nicht geschnitten? Dudu du! Das gehört sich nicht.«

Die nachbarschaftlichen Beziehungen auf dem Dorf sind wenig differenziert. Man wohnt nicht nur nebeneinander, sondern leistet einander auch Hilfe und sichert sich gegenseitig ab. Für manches, was unsere Nachbarn für meinen Onkel Werner oder mich getan haben, hätten wir in anderen Zusammenhängen Helfer bezahlen oder uns versichern müssen. Was die Gemeinschaft auf dem Dorf leistet, leisten in der Stadt viele Verschiedene. Sie erbringen ihre Leistung jedoch nur gegen Geld – und nicht, weil die Menschen in einem gemeinsamen Wollen verbunden sind. Das macht die Kontakte geschäftsmäßiger, aber auch einfacher. Ich muss die Werte und Überzeugungen des Elektrikers nicht teilen, damit er mir den Herd anschließt. Ich muss ihm auch nicht dankbar sein. Ich muss ihn nur bezahlen. Tue ich es nicht, kann ich ihn aber auch mit den besten Worten nicht überzeugen, mir zu helfen. In der dörflichen Gemeinschaft ist das anders. Die Menschen sind bereit, ihre Sachen hinzugeben oder mehr oder weniger unangenehme Arbeiten zu leisten, nicht weil sie dafür mit Geld entschädigt würden, sondern aus einer sozialen Verpflichtung heraus. Sie helfen als Nachbar. Sie helfen, weil ihnen im Gegenzug auch schon geholfen worden ist, sie helfen »in der frommen Gesinnung, dadurch dem Willen Gottes zu dienen«, oder weil sie sich durch den Gemeinsinn verbunden fühlen.[40]

Der soziale Charakter des Tausches in der Gemeinschaft trägt altruistische Züge, diese sind aber eingeschränkt. Denn die Dörfler handeln anderen gegenüber uneigennützig, aber nicht allen anderen gegenüber, sondern nur denen, die mit ihnen in einem gemeinsamen Wollen verbunden sind. Philosophen bezeichnen das als konditionalen Altruismus. Er wendet sich nur an eine bestimmte Gruppe und gilt nur unter bestimmten Voraussetzungen. Da es diese Einschränkung gibt, ist die viel gerühmte Hilfsbereitschaft auf dem Lande nicht ohne die soziale Kontrolle zu haben, die Unterstützung meines Nachbarn nicht ohne seine Schelte (oder meine Anpassung). Denn beides entspringt derselben Quelle, dem Gemeinwillen und seiner dichten Normativität. Freilich ist auch die Hilfsbereitschaft auf dem Lande nicht immer nur uneigennützig. So wie in gewissen Freundschaften (die ein Musterbeispiel für konditional altruistische Beziehungen sind) eine Hand die andere wäscht, wollen auch die Hilfen der Gemeinschaft mit Gegendiensten vergolten werden.[41] Ich kann mir nicht beim Umbau helfen lassen und dann sitzen bleiben, wenn der Nachbarn seine Terrasse saniert.

WIE AUSWANDERN

Als wir aufs Land zogen, dachten wir, wir zögen von der Stadt an den See, aus den engen Straßenschluchten in die Weite der Natur, aus der stickigen Wohnung in das großzügige Haus mit dem sonnigen Garten. Das war jedoch eine viel zu oberflächliche Sicht der Dinge. Tatsächlich zogen wir aus der Gesellschaft in die Gemeinschaft. Der Umzug aufs Land ist wie Auswandern, in eine andere Kultur, eine andere Zeit, eine andere Zivilisation. Wir wussten das nicht. Hätten wir es gewusst, wären uns viele Probleme erspart geblieben. Viele zieht es jedoch aufs Land, gerade weil sie die Gemeinschaft suchen. Nicht nur die Rechten, deren reaktionäres Votum für das Land ein Votum gegen die moderne Gesellschaft und für die völkische Gemeinschaft ist, sondern auch viele unpolitisch Zugereiste und Dagebliebene, Zivilisationsflüchtlinge und Zivilisationsverweigerer.

Nachdem ich etwa das bereits erwähnte Interview über den reichen Pöbel im Fünfseenland gegeben hatte, erreichte mich die sehr lange WhatsApp-Nachricht einer Mutter aus dem Kindergarten. Sie war enttäuscht, wie »undankbar und ungerecht« ich sei. Ich wüsste weder die Aufnahme in die Gemeinschaft zu schätzen (sonst würde ich nichts Kritisches sagen), noch könne ich verstehen, dass die mir als reaktionär und spießig erscheinende Lebensweise ganz bewusst gewählt worden sei, weil hier »sehr viele sehr denkende, sehr kritische, sehr individuell lebende Menschen ein Zuhause gefunden haben und man sehr wohl sehr bereichernde Gespräche auch oder gerade auf dem Land führen kann, weil sich auch sehr viele sehr bewusst lebende Menschen aus dem Stadt-Irrsinn herausgezogen haben«. Sie »alle verbindet die Dankbarkeit, am See leben zu können, gemeinsames Leben teilen zu können«.

Tönnies wäre glücklich gewesen, das zu lesen. Mir führte es jedoch noch einmal vor Augen, wie unterschiedlich unser Blick auf das Leben hier war. Denn ich war weder von Dankbarkeit erfüllt, am See zu leben, noch sehnte ich mich nach Gemeinschaft. Ich hatte hinter der Entscheidung, auf dem Land zu leben, keine tiefgreifende Veränderung meines Lebens vermutet, sondern sie (zu) leichtgenommen. Das Landleben war für mich nur ein Aspekt meines Lebensstils neben vielen anderen, wie eine mediterrane Diät zu halten oder einen Kleinbus zu fahren. Ansonsten wollte ich aber so bleiben, wie ich bin.

Dies war jedoch eine totale Fehleinschätzung. Denn während man die Diät einfach wieder aufgeben und den Kleinbus verkaufen kann, gibt es vom Landleben erst mal kein Zurück. Es ist wie im *Hotel California*: »You can check out anytime you like, but you can never leave.«[42] Hat man die Wohnung in der Stadt erst mal aufgegeben, wird es schwierig, wieder eine neue zu finden, nicht nur weil die Mieten immer weiter steigen. Die eigenen Ansprüche steigen auch. Wir haben das selbst erlebt, denn eine Zeit lang liebäugelten wir mit einer Rückkehr nach München. Vieles von dem, was uns vor dem Rauszug noch als annehmbar erschien, war es nach einem Jahr auf dem Land jedoch nicht mehr. Wir wollten keine dunklen Räume mehr, aber trotzdem Parterre wohnen, damit wir nicht alles hochschleppen mussten. Wir wollten keinen Minibalkon, sondern mindestens eine sonnige Terrasse oder einen grünen Innenhof. Unsere Kinder sollten sich frei bewegen und auf Bäume klettern können und nicht so blutleere Kinder werden, die mit sieben noch nicht richtig Rad fahren können, weil es dafür nirgendwo Platz gibt. Wir wollten keinen Lärm und keinen Smog, nicht ein halbes Jahr auf einen Krippenplatz warten und nicht nur auf Wände schauen. Da wir aber keine Millionäre waren, hätten wir all das in der Stadt hinnehmen müssen, und dazu waren wir nicht bereit – wie so viele Menschen in ganz Europa, die aus den Städten getrieben werden, weil ihre Ansprüche an das Leben nicht in dem Maße sinken, wie es nötig wäre, um bleiben zu können.

Also arrangierten wir uns. Nicht nur mit dem Dorf, sondern auch mit den Leuten. So richtig warm miteinander sind wir aber lange nicht geworden, wie auch ein kleiner Eklat während des Lockdowns noch einmal bestätigte. Ich schickte unsere Kinder immer in die Notbetreuung des Kindergartens, auch dann noch, als wir Corona hatten und zu Hause unter Quarantäne gestellt waren. Unsere Nachbarin nahm die Kinder morgens mit, wenn sie ihren Sohn brachte. Das war ganz unproblematisch. Andere Eltern erregte die Sache jedoch sehr. Was wir machten, schrieb eine Mutter im Kindergarten-Chat, sei »Russisches Roulette!«: »Die Eltern haben Corona, und die Kinder gehen in den Kindergarten.« Ich wunderte mich nicht mehr, woher die Gute unsere Krankenakte kannte, denn obzwar wir ihr unsere Diagnose nicht mitgeteilt hatten, wussten wir doch, dass auf dem Dorf nichts unentdeckt bleibt. Aber ich konnte ihre Aufregung nicht verstehen. Unsere Kinder waren wieder negativ, und der Besuch ihrer Betreuungseinrichtung war ihnen mithin gestattet, wie mir auch die Leiterin der Einrichtung auf Nachfrage bestätigte. Für mich war die Sache damit erledigt. Ich tat, was ich wollte, und fragte nur, ob es das Gesetz verneinte. Ob es die Gemeinschaft auch bejahte, war mir schnurzpiepegal. Denn nichts drängte mich dazu, das kleine Boot meines frei erkorenen Wollens in die mächtige Marschordnung des allgemeinen Willens einzufügen. Ich segelte lieber solo und kam mir dabei superliberal vor.

Im Grunde war ich aber nur bequem und ignorant. Denn während ich die Unterstützung der Gemeinschaft gerne in Anspruch nahm und auch unsere Kinder von der Nachbarin mitnehmen ließ, scherten mich die berechtigten Interessen dieser Gemeinschaft herzlich wenig, als sie mir unbequem wurden. Und so zeigte auch ich in meinem Verhalten die viel beschriebene Kaltherzigkeit des Liberalismus, der unter dem Deckmantel der Freiheit Selbstsucht und Egoismus beinah unbeschränkt wüten lässt. Schließlich sind seine Institutionen, Regeln und Gesetze nicht dazu da, das freie Spiel der Kräfte einzuhegen, sondern es zu fördern, damit es sich frei entfalten kann. »Freiheit«, schreibt der Philosoph und Politiker Hobbes in einem Gründungsdokument der bürgerlichen Gesellschaft (*Leviathan*, 1651), »bedeutet genau genommen das Fehlen von Widerstand. [...] Und nach dieser genauen und allgemein anerkannten Bedeutung des Wortes ist ein *Freier, wer nicht daran gehindert ist, Dinge, die er aufgrund seiner Stärke und seines Verstands tun kann, seinem Willen entsprechend auszuführen.*«[43]

Wir wissen heute, dass diese Freiheit, sich nach Maßgabe der eigenen Kraft bewegen zu können, ohne Rücksicht auf andere nehmen zu müssen, unseren gesellschaftlichen Zusammenhalt massiv zerstört hat. Die Sehnsucht nach Gemeinschaft, die sich in der Landlust äußert, ist also nicht nur ein dumpf-reaktionäres Gefühl von Menschen, die die Freiheit hassen und sich in der modernen Unübersichtlichkeit nicht mehr zurechtfinden (wollen). Sie entspringt auch einem wohlbegründeten Unbehagen an den sozialen Verwerfungen, die wir nach siebzig Jahren Liberalismus zu spüren bekommen.

Die Rückkehr in eine von Werten und Moral bestimmte Gemeinschaft scheint ein verlockender Ausweg daraus zu sein. Doch auch das Leben in der Gemeinschaft hat seine Schattenseiten, wie das Leben auf dem Lande zeigt. Und das verleiht seiner Untersuchung eine Bedeutung, die über das Interesse an der individuellen Lebensform hinausgeht. Ich komme darauf noch zurück.

Was die Mutter in unserem Fall zu Recht kritisierte, war also weniger unsere liberale Gesinnung, mit der wir nicht so recht ins Dorf passten, als unser unsolidarisches Verhalten, das wir dahinter versteckten.

SCHAM UND BESCHÄMUNG

Wir haben im Corona-Fall nicht nur gegen das gemeinschaftliche Prinzip der Solidarität verstoßen, sondern auch gegen ein ganz grundsätzliches Ordnungsprinzip von Gemeinschaften: nämlich das Gebot der Reinheit. Es ist für Gemeinschaften besonders wichtig, weil sich ihre Normen, historisch gesehen, aus religiösen Vorschriften ableiten, die ihren Ursprung oft in Reinheitsgeboten haben.[44] Auch heute noch werden Abweichungen oft als Beschmutzung oder Verunreinigung betrachtet. Und Menschen, die in ihren Gemeinwillen nicht einstimmen, erscheinen schnell als dreckig oder sogar ekelhaft. Das kann schon Menschen betreffen, die einfach nur fremd sind, denn das grundlegendste Ordnungsmuster von Gemeinschaften unterscheidet, wer drinnen ist und wer draußen. »Die Menschheit zerfällt in Gruppenangehörige und Fremde.«[45]

Ich habe die Verekelung des anderen aber auch am eigenen Leibe erfahren, denn auch ich war meinen Kameraden auf dem Dorfe ekelhaft – als widerliche Schwuchtel, die man beseitigen muss, damit alles wieder schön sauber und in Ordnung ist. In einer Szene aus meinen Erinnerungen sehe ich mich in karierten Golfhosen und billigen Tasselloafern die Dorfstraße hinunterlaufen. Langhaarig, schwitzend, den Körper voll pulsierender Pickel. Es ist 1989. Ich bin dreizehn Jahre alt, spurte über die Brücke und biege rechts ab zum Trafohäuschen. Hinter mir eine wütende Meute. Ein Dutzend Kinder zwischen sechs und vierzehn, die mir den Garaus machen wollen. Angeführt von Kai und Dirk. »Wir müssen die schwule Aidssau töten«, schreit Kai, »sonst tötet er uns.« »Totschlagen«, brüllt der Mob, der jetzt aber zum Stehen kommt, denn ich habe mich vor das Trafohäuschen geflüchtet, um meinen Rücken zu sichern. Immer wieder greifen mich Kinder an, hauen und stechen mit Stöcken oder ihren kurzen Armen nach mir. Wen ich erreichen kann, trete ich mit meinen Tasselloafern ins Gesicht. Ähnliche Szenen erlebe ich seit der zweiten Klasse und gehe notgedrungen zum Kampfsport. Heute ist es aber besonders krass. Es sind mehr als sonst, und sie sind aggressiver. Tage zuvor war eine Sondersendung zum Thema »Aids« im Fernsehen gelaufen. Ich hatte sie nicht gesehen, aber meine Klassenkameraden sprachen in der Umkleide darüber, bevor sie den kleinen Daniel mit einer vollgepissten Klobürste so lange ins Gesicht schlugen, bis er bereit war, sie in den Mund zu nehmen. »Schön lutschen, du Schwuchtel«, feixte Volker.

»Der Mensch ist dem Menschen ein Gott, denn er nähert sich durch Gerechtigkeit, Liebe und alle Tugenden des Friedens der Ähnlichkeit mit Gott«, schrieb Hobbes über den zivilisierten Bürger.[46] Meine Kameraden und ich lebten allerdings noch im dunklen Grunde der Gemeinschaft und waren von der kultivierenden Kraft des *doux commerce* (Karl Marx) ebenso unberührt wie vom Licht der Aufklärung, aus deren Verschwisterung die Gesellschaft entspringt. Aber wie hätte uns dieses Licht auch erreichen sollen? Es nimmt immer den geraden Weg, und Wohlanstand und Sittlichkeit verbreiten sich in kleinen Schritten – oder *drei* Stufen, wie Hegel meinte –, wir aber wohnten hinter den *sieben* Bergen, im Höxterschen, Droste-Hülshoff-Land, wo der Mensch dem Menschen kein Gott, sondern immer noch ein Wolf war und einen die öffentliche Meinung an die Judenbuche knüpft oder vor das Trafohäuschen hetzt. Ich versuchte es gleichwohl mit einem Appell an den Verstand, denn wenngleich »der Pöbel von nichts weiß«, wie Kant in seinen *Bemerkungen zu den Beobachtungen über das Gefühl des Schönen und Erhabenen* schreibt, hielt ich meine Kameraden doch für schlau genug, ihren Vorteil zu kennen.[47] Also sprach ich zu ihnen:

»Selbst wenn ich Aids hätte, könnte ich euch nur anstecken, wenn wir Kontakt hätten. Also geht doch einfach weg.« »Nein«, rief Kai aus der dritten Reihe, »du musst weg.« Er traute sich aber nicht richtig ran, weil ich ihn seit unserer ersten Begegnung vor zehn Jahren, als uns unsere Mütter aus nebeneinanderliegenden Einfahrten heraus zum Kindergartenbus brachten, stets vermöbelt hatte.

Ein Stein trifft mich an der Schulter. Jemand bespuckt mich, ein anderer will es ihm nachtun, kommt aber nur bis zur eigenen Unterlippe. Ein grüner Jetta braust heran, am Steuer meine Mutter. Der Mob verteilt sich. Kloppendiek lässt müde den Stock sinken, mit dem er mich eben noch schlagen wollte. Die Enttäuschung ist ihm anzusehen. »Bis morgen«, sage ich. »Bis morgen«, sagt er, haut dann aber doch noch einmal zu. Halbschlaff aus der Drehung. Ich ergreife sein Ohr und reiße daran mit aller Kraft. Das hatte ich mal in einem Film mit Burt Reynolds gesehen, in dem er jemandem Selbstverteidigung beibringt. »Einfach dran ziehen«, sagt Reynolds zu dem Mann mit Hinweis auf das Ohr, »es reißt so leicht ab wie eine Safttüte auf.« Bei Kloppendiek funktioniert das aber nicht. Er wehrt sich zu sehr, und ich bekomme ihn nicht richtig zu fassen. Vielleicht bin ich auch zu zimperlich. Kein Kämpfer, wie mein Boxtrainer mir später beschied, und irgendwie 'ne Lusche. Na ja. Kloppendieks Ohr bleibt jedenfalls dran, wir werden von meiner Mutter getrennt und ich weggefahren.

So erinnere ich mich an die Szene. Ob sie sich tatsächlich genauso abgespielt hat oder nicht doch ein bisschen anders, darauf würde ich nicht schwören. Stress verfälscht die Erinnerung, und meine Kindheit auf dem Dorfe gehörte mit Sicherheit zu den schwierigsten Phasen meines Lebens. Aber eins ist klar: Meine Kameraden verabscheuten mich. Ich war die Schwuchtel, der Aussätzige, der, den man »wegmachen musste«, wie die

Mutter meiner Klassenkameradin Sonja einmal zu mir sagte. »Schlagt die schwule Aidssau tot!« »Wir müssen sie töten, sonst tötet sie uns, steckt uns an und infiziert uns mit ihrer Seuche.«

Ich glaube nicht, dass die anderen mich wirklich für schwul hielten, denn wir hatten eigentlich alle, oder ich zumindest, noch keine definierte Sexualität. Sie besiegelten mit dem Etikett der Schwuchtel nur meinen Ausschluss aus ihrer Gemeinschaft, weil ich mich nicht mit ihren Werten identifizierte. Ich spielte kein Fußball, sondern Tischtennis, orientierte mich modisch eher an Don Johnson als an Oliver Kahn, war einer kleinen Insubordination wegen aus der Messdienerschaft entfernt worden (ich hatte den Besuch des Jesus-Musicals geschwänzt) und ließ auch sonst keine Gelegenheit aus, ihnen zu zeigen, wie albern ich ihre Spiele fand. Ich war ein verpickelter Idiot, zurückgezogen, verträumt und dem Dorfleben gegenüber teilnahmslos. Diese Ablehnung zahlten sie mir mit ihrer Verachtung heim, und sie artikulierten diese, indem sie sich vor mir ekelten.

Dass die Wahl dabei auf das Schwulsein fiel, lag weniger an meiner vermeintlich schwulen Art (wenn es überhaupt so etwas gab. Und wer von ihnen hätte das beurteilen können? Sie kannten keine offen schwulen Menschen) als daran, dass sie zu Hause, in der Kirche und der Schule gelernt hatten, dass Schwule ekelhaft sind. Letzten Sonntag erst hatte der Pfarrer Greif uns mit seiner schönen scharfen Stimme erklärt, dass Gott Homosexuelle (oder Sodomiten, wie er sich ausdrückte) verabscheue und deshalb versucht habe, sie auszurotten. Das Treiben in Sodom und Gomorrha ekelte ihn schon lange an, aber als sie dann auch schwul wurden und sich über Loths männliche Gäste »hermachen« wollten, wie es in Genesis 19 heißt, reichte es ihm endgültig, und er ließ Feuer und Schwefel auf die Stadt regnen. Ihre Gebäude stürzten ein, alle kamen um, und die Tiere und Früchte auf dem Feld verdarben. Leider hatte Gott damals noch nicht alle Schwuchteln erwischt. Doch wir haben keinen Grund, an seiner Allmacht und Güte zu zweifeln, denn jetzt hat er Aids geschickt, um sein Werk zu vollenden. Die Schwulen sterben wie die Fliegen. Ihr Immunsystem versagt, denn sie sind innerlich verdorben, kontaminiert mit frevelhafter Lust. Da lachten die Leute, und der Lehrer Thiel, der die Orgel bediente, ließ einige Akkorde donnern. Geile Schadenfreude. *Spirit of the Dorf.*

EKEL UND MACHT

Das Dorf wird vom Ekel regiert, dem Abscheulichmachen und der Verekelung derer, die nicht dazugehören. Soziale Kontrolle und körperlicher Ekel lassen sich gut verbinden, weil auch der Ekel ein gelerntes Gefühl ist. Vieles von dem, was wir ekelhaft finden, ist es nicht von sich aus, sondern wird erst durch Kultur und Erziehung ekelig gemacht. Das dient dazu, die grundlegenden Ordnungsmuster einer Gemeinschaft zu etablieren. Ekelig ist das, was verboten ist.[48]

In seiner einfachsten Form wird Ekel auf Objekte bezogen (Kot, Aas, Urin) und auf die Vorstellung, diese oral aufzunehmen wie der kleine Daniel die Klobürste. Ausgehend davon, kann er jedoch auf viele andere Dinge übertragen werden, z. B. auf Homosexuelle, Behinderte, Inzest oder Gewalt. Sigmund Freud und andere entdeckten in den ekelhaften Dingen Verweise auf unser eigenes animalisches oder triebhaftes Wesen, das wir (im Zuge der zivilisatorischen Höherentwicklung) von uns abtrennen und unterdrücken mussten, weil es uns schwächt und hinfällig macht.

Wenn ein Mensch mit dem, was in seiner Gesellschaft als ekelhaft gilt, in Berührung kommt, setzt ihn das in der sozialen Hierarchie herab. Es gibt zahlreiche Berichte aus Gefängnissen und Konzentrationslagern, in denen Menschen, die sich nicht waschen konnten oder durften, bald schon ihrer Menschenwürde verlustig gingen. Die anderen Häftlinge und Wärter sahen sie nicht mehr als Menschen an, sondern als etwas Subhumanes, das sie leichthin foltern oder sogar töten dürften. Die ekelhaften Menschen wurden in ihren Augen zu Tieren.[49]

Das musste auch mein Freund Matthias erfahren. Er hatte von Geburt an eine Beckenbodenlähmung und zwei Klumpfüße (Spina bifida). Wenn er in seinen Windeln durch das Dorf humpelte, nannten die Kinder ihn einen »behinderten Hosenscheißer«; ihre Eltern riefen ihn zärtlich »den kleinen Krüppel«. Sie machten seinen humpelnden Gang nach, wenn sie ihn sahen, und hielten sich die Nase zu, wenn er sie passierte. »Iihh, der Matthias«, riefen sie dann, auch die Erwachsenen. Dabei roch er nicht schlimmer als die meisten Männer auch, die beizeiten fast alle nach Pisse stanken, weil sie beim Schützenfest einfach unter den Tisch strullten oder sich in der Kneipe meiner Oma so dicht gedrängt vor die Pinkelwand stellten (»Jetzt kommt die Feuerwehr!«), dass sie sich gegenseitig bespritzten. Aber Matthias besaß durch seine Erkrankung eine habituelle Nähe zu den Fäkalien, und das setzte ihn in den Augen der Dörfler so weit herab, dass sich auch erwachsene Männer nicht entblödeten, ihren Spaß mit ihm zu treiben, und dafür das Gelächter der Umstehenden ernteten: »Besser nicht hinsetzen, Matthias!«, riefen sie, als er sich beim Dorffest Pommes frites kaufte.

Was ekelhaft ist, kann seine Ekelhaftigkeit leicht auf alles andere übertragen, dem es nahekommt. Auch meine anderen Freunde galten als ekelhaft. Entweder aus sich selbst heraus, wie Waldi und Freddy, die als irre galten (Freddy war das wirklich), oder durch Kontakt mit mir, wie Jan.

Deshalb durfte auch niemand wissen, dass Jan und ich befreundet waren. Wenn wir mit dem Rad zusammen wohin fuhren, fuhr er immer zehn Minuten früher los, damit Dirk und Kai, seine Freunde vom Fußball, uns nicht zusammen sahen. Als das einmal doch geschah, machte ihn das zur Persona non grata, und er bekam beim nächsten Fußballtraining keinen einzigen Pass zugespielt. Auf seine Beschwerde hin entgegnete Kai lässig, er solle doch mit mir kicken. Da musste selbst der Trainer lachen, den alle den roten Tomczik nannten, weil er in der SPD war. Als Freund (und Genosse) meines Vaters hätte er Jan und mich eigentlich verteidigen sollen. Als SPD-Mitglied wurde er aber ohnehin belächelt, und es war für ihn sicher schön, auch mal nicht unten zu sein. Überhaupt: »Das Lachen soll ja so sympathetisch seyn, daß gleich alle lachen, wenn einer lacht.«[50] Wie sollte Tomczik da als Einziger standhaft bleiben, wenn alle lachten? Also lachte er mit. Er bestätigte damit nicht nur eine zentrale Überzeugung der dörflichen Gemeinschaft – nämlich, dass es vollkommen in Ordnung ist, andere auszulachen und zu beschämen –, sondern führte einmal mehr vor, warum sie so gut funktionierte: Sie setzt Menschen zwar enorm unter Druck, gibt ihnen aber auch immer wieder die Möglichkeit, diesen Druck nach unten abzulassen und sich anderen überlegen zu fühlen.

Die Soziologin Eva Illouz bezeichnet den Ekel deshalb als *undemokratische Emotion* und führt am Beispiel Israels vor, wie populistische und autoritäre Regime andere abscheulich machen, um ihre Gleichheit nicht anerkennen zu müssen und ihnen zentrale Rechte verweigern zu können. Und sie zeigt, wie diese Regime die Verachtung der anderen nutzen, um ihre eigenen Bürger zu kontrollieren.[51]

Die Sippenhaft, in die der Gemeinwille die Menschen nimmt, ist seine brutalste Form der sozialen Kontrolle, weil sie auch die mittrifft, die sich selbst gar nichts haben zuschulden kommen lassen. Die Philosophin Martha Nussbaum, die eine große Studie über soziale Kontrolle und die Beschämung geschrieben hat, bemerkt darin, dass eine Motivation dafür war, dass sie als Kind einer alkoholkranken Mutter in einer amerikanischen Kleinstadt aufwuchs, wo man wegen so etwas beschämt wurde.[52] Das ist die Tochter von der Alkoholikerin! Das Fehlverhalten der Mutter führte dazu, dass alle Familienmitglieder in den Augen der anderen minderwertig waren und das zu spüren bekamen.

Meine Schwester erzählte mir aus ihrem Dorf etwas Vergleichbares. Der kleine Tim darf die Häuser einiger Nachbarskinder nicht mehr betreten, weil seine russische Mutter im Ukraine-Konflikt auf der Seite ihrer Heimat steht und das auch kommuniziert. Wenn er also mit den anderen draußen spielt und die Kinder dann bei einem reinwollen – um etwas zu trinken, zu zocken oder was auch immer –, dürfen alle ins Haus, nur er nicht. Die Eltern verbieten ihm die Tür oder zwingen ihr Kind, ihn wieder hinauszuwerfen. »Sagst du bitte Tim, dass er gehen muss. Er darf hier nicht herein; und eigentlich weißt du doch auch, dass ich überhaupt nicht möchte, dass du mit ihm spielst. Seine Mutter hat falsche Ansichten.«

Meine Schwester erzählte mir diese Geschichte nicht von ungefähr, sondern nachdem sie mein Manuskript zu diesem Buch gelesen hatte. Sie sagte: »Du hast vollkommen recht, Björn. Es ist genau so, wie du schreibst. Nicht nur in unserem Heimatdorf oder bei dir, sondern auch bei uns hier. Aber weil es so ist und die Menschen so sind, wie du sie beschreibst, werden sie sich gekränkt fühlen, und diese Kränkung werden sie nicht nur dir, sondern auch deinen Kindern heimzahlen, und denen vielleicht besonders. Denn dir macht es womöglich nicht viel aus, aber ihnen können sie richtig wehtun.«

Ich wünsche mir, dass sich meine Schwester irrt und dass die Menschen, von denen sie redet, zeigen, dass auch ich mich geirrt habe. Und persönlich angreifen möchte ich natürlich sowieso niemanden, sondern nur die Strukturen einer bestimmten Mentalität herausarbeiten. Ich hoffe, dass meine Leser Humor haben. Ich selbst habe ihn auch, und wenn mich beim nächsten Schwimmen ein Wing-Foil überführe – ich könnte das verstehen.

ICH OBEN, DU UNTEN

Die Verekelung anderer dient nicht nur dazu, die normative Ordnung der dörflichen Gemeinschaft zu bestätigen, sondern etabliert innerhalb dieser Ordnung auch eine Rangfolge oder Hackordnung. Das setzt freilich voraus, überhaupt erst einmal gründlich einzusehen, dass die Welt in Oben und Unten untergliedert ist, und so gehört es zur gemeinschaftlichen Propädeutik, andere verächtlich zu machen. Im »gebirgichten Westfalen« besorgte das zum Beispiel die Grundschule.

So erfuhren wir etwa vom Lehrer Knall, dass der Holocaust die gerechte Strafe dafür gewesen sei, dass die Juden Jesus ans Kreuz geschlagen hatten. Wir sprachen gerade über das Wappen von Nordrhein-Westfalen, und Knall echauffierte sich über die lippische Rose darin. »Dass so ein kleines Land mit seiner Blume so prominent im Wappen unseres Landes auftaucht, ist eine Unverschämtheit und kommt nur daher, dass die Detmolder in Düsseldorf intrigiert haben«, wetterte er. »Finger weg von diesen Leuten! Alles Pharisäer. Die Lipper sind die Juden Nordrhein-Westfalens!«

Wie er das sprach, blickte er in blöde Gesichter, denn wir kannten die Juden nur aus der Bibel und wussten nicht, was der Holocaust war, den Knall nicht nur gegenüber den Juden zu begrüßen, sondern sich auch für die Lipper zu wünschen schien. Diesem Mangel half er jedoch rasch ab, indem er uns, lustig feixend, einen Exkurs in deutscher Geschichte gab: Gasduschen, Ungeziefer, Zackzack. In der Schule meines Vaters war der Ton noch heiterer gewesen. »Wir haben die ja immer Konzertlager genannt«, sagte sein Lehrer, der alte Thiel, Vater meines Rektors, über die KZs, »weil wir so viel Freude daran hatten.«

Eine andere Gruppe, auf die Knall uns herabzusehen lehrte, waren die Sauerländer (auch sie Nachbarn wie die Lipper). »Überall nur Inzest, wie früher überhaupt auf den Dörfern. Wenn immer nur drei Familien untereinander heiraten, kommen irgendwann nur noch Debile und Behinderte raus. Ne, Marco? Und so war das im Sauerland überall. Zerklüftete Täler, die Menschen hatten noch kein Auto. Die kamen nicht weg und mussten nehmen, was ihnen vor die Flinte kam. Der reinste Inzeststamm. Zum Glück ist denen dann verboten worden, einander zu heiraten, und die Sache wurde ein bisschen besser. Aber vielen sieht man es heute noch an. Und leider wurden die Verbote ja auch wieder aufgehoben.«

Von diesen Lektionen gab es Dutzende. Wir sollten auf andere herabsehen und uns über sie erhaben dünken.

Nicht nur auf Juden, Schwule, Lipper oder Sauerländer, sondern auch auf den leicht verwahrlosten Marco mit seinen immer fettigen Haaren, auf Dicke, Behinderte, Türken, Italiener oder die Menschen aus den Nachbardörfern. Recht besehen, machte das auch uns zu Pharisäern, über die es bei Lukas heißt: »Der Pharisäer stand und betete bei sich selbst also: Ich danke dir, Gott, daß ich nicht bin wie die anderen Leute, Räuber, Ungerechte, Ehebrecher« (Luk 18). Aber es gab uns auch das Gefühl, etwas Besonderes zu sein. Und so schmetterten wir im Musikunterricht, der im Grunde nur aus Chorsingen bestand, stets mit Begeisterung das Dorflied:

»Dass wir aus … sind,
das weiß ein jedes Kind.
Wir reißen Bäume aus,
wo keine sind.«

Die Feindschaft zum Nachbardorf war so groß, dass die Dörfler sogar gegen die Polizei zusammenhielten. Kurz nach dem Krieg wurde einer aus dem Nachbardorf, der morgens auf dem Weg zur Arbeit mit dem Rad die Hauptstraße entlangkam, mit der Plattschüppe vom Rad herab erschlagen. »Bums fiel er vom Sattel wie ein fauler Apfel«, sagte mein Opa. Das haben einige gesehen, aber niemand hat den Täter verraten. Zusammenhalt entsteht nicht nur durch gemeinsame Bejahung, sondern auch durch gemeinsame Verneinung – durch Feindschaft –, und die Unterscheidung von Freund

und Feind ist viel grundlegender als jedes Gesetz. Eine weitere Auffassung nebenbei, die den Gemeinsinn des Dorfes mit der rechtskonservativen Auffassung von Politik verbindet.[53]

Die Betonung des Eigenen vor dem Fremden erzeugte eine gewisse Überheblichkeit, infolge derer wir uns genauso für den Nabel der Welt hielten, wie es die Provinzfürsten in den Landeshauptstädten taten. Deren Abgrenzung von der Hauptstadt wiederholte sich bei uns im Kleinen. Aus »Die da in Bonn, wir hier in Düsseldorf« wurde »Die da in Düsseldorf, wir hier bei uns«. In beiden Fällen glauben die einen es immer besser zu wissen als die anderen, und das macht sie gegen jeden Zweifel an ihren Überzeugungen erhaben. Hier kongruierte der Provinzialismus des Dorfes mit dem Provinzialismus der Bonner Republik.[54] Und es kommt wohl nicht von ungefähr, dass ein neuerliches Aufleben der Landlust mit einer sentimentalen Sehnsucht nach der eierköpfigen Bundesrepublik zeitlich zusammenfällt.[55]

Wenn es stimmt, dass die Kritik das Tor ist, durch das der Mensch den Ausgang aus seiner selbst verschuldeten Unmündigkeit nimmt, dann ist der Provinzler gegen die Aufklärung gefeit.[56] Denn provinziell ist der Geist, der jede Kritik verdammt und sich nicht eines Besseren belehren lassen will, weil er überzeugt ist, die Weisheit mit Löffeln gefressen zu haben. Er weigert sich, eine andere Perspektive einzunehmen. Sein Horizont endet an den Grenzen der Landeshauptstadt, des Dorfes, der

Uferlinie oder des Gartenzauns. Diese Ignoranz schützt die Menschen davor, ihre Meinung ändern zu müssen, sie sperrt sie aber auch ein. Denn mit den Überzeugungen wird auch die soziale Ordnung sakrosankt, die aus ihnen folgt. Die Lektionen über unsere Großartigkeit und die Minderwertigkeit der anderen versöhnten uns mit dem sozialen Druck und der Abwertung, der wir ausgesetzt waren, der Hierarchie, der wir uns unterordnen mussten.

PROVINZIELLER KLASSISMUS

Das Landleben ist stark hierarchisch, fast ständisch geprägt. In meinem zirka achthundert Einwohner zählenden Heimatdorf gab es *grosso modo* drei oder vier Stände. Ganz oben standen die Familien, die die Kohlensäurefabrik im Ort betrieben. Sie tauchten im öffentlichen Leben aber nicht auf. Das wurde von den Honoratioren des Ortes geprägt und den Vereinen, also dem Bürgermeister und den Gemeindevorstehern, dem Pfarrer, dem Lehrer Thiel (Volksschuldirektor in zweiter Generation) und dem Schützenoberst. Die angesehensten Familien waren die Bauern, dann kamen die Gewerbetreibenden und dann die Handwerker und Arbeiter, die, wie meine Großeltern auch, allgemein als »die kleinen Leute« bezeichnet wurden. Das färbte auch dann noch auf meinen Vater ab, als er Studienrat geworden war. Denn bürgerliche Qualitäten spielten keine Rolle. Es ging um Herkunft und Besitz. Und mein Vater blieb sein Leben lang das Kind von kleinen Leuten, das die zwei Ziegen der Familie hüten musste und ständig in die Feld- und Gartenarbeit eingespannt wurde, die zum Unterhalt der Familie notwendig war.

Die Schule stützte diese Hierarchie mit linken Spielchen. »Mir ist ein guter Schüler von hier (gemeint war die Volksschule bis zur achten Klasse) hundertmal lieber als einer von der Prophetenschule«, sagte der alte Thiel zu meinem Vater. Und sein Sohn tat es ihm nach. Wenn er erfuhr, dass Handwerker oder Angestellte ihr Kind auf das Gymnasium schicken wollten, zog er dieses im Unterricht damit auf. Er selbst hatte seine Kinder natürlich genauso auf die Prophetenschule geschickt wie sein Vater es mit ihm und die Bauern es mit ihren Kindern getan hatten. Aber die anderen sollten eben bleiben, wo sie hingehörten.

Das hat sich heute ein bisschen gebessert. Der Nachwuchs von armen Eltern macht immer noch (Stadt wie Land) seltener Abitur als der von reichen, und auf dem Land streben weniger Schüler die Hochschulreife an als in der Stadt – wodurch die Wahrscheinlichkeit, studieren zu können, für den Nachwuchs einkommensschwacher Eltern auf dem Land besonders gering ist. Die Dorfschulen sortieren aber nicht mehr in dem Maße vor, wie ich das noch als Kind erlebt habe. Tatsächlich sind die Klassen auf dem Land oft homogener als in der Stadt, und dadurch wird zumindest die Möglichkeit, dass Kinder extrem benachteiligt werden, ein bisschen verringert.

Dennoch erscheint mir die Gemeinschaft am Ammersee nicht weniger hierarchisch als im Dorf meiner

Kindheit. Allerdings ist die Macht hier noch stärker ökonomisch verteilt. Denn für die Frage, wer zu den Honoratioren gehört, spielt Geld eine entscheidendere Rolle als die soziale Funktion. Das hat zwei Konsequenzen. Zum einen erhöhen sich die Anforderungen an die Zugehörigkeit. Denn die Menschen hier müssen nicht nur bestimmte Werte und Überzeugungen bejahen, wie das im Dorf meiner Kindheit der Fall war, sondern auch einen gewissen Konsum pflegen, um dazuzugehören. Zum anderen wird deutlich, dass auch die dörfliche Gemeinschaft nicht von sozialem Charakter des Tausches, sondern, ganz wie die übrige Welt, vom Geld regiert wird. Wenn dieses hier bei uns zu höheren Ehren gekommen ist als in der übrigen Provinz, liegt das auch daran, dass seit einigen Jahren »sehr viele sehr denkende, sehr kritische, sehr individuell lebende« und vor allem sehr reiche Menschen aus der Stadt heraus hierhergezogen sind, um sich ihren Traum vom Landleben am See zu verwirklichen. Eine Mischung aus Vermögens- und Familienwerten im Landhausstil. Schöner Wohnen für zivilisationsmüde Besserverdiener, die es gerne auch mal authentisch und gemütlich haben. Als meine Tochter vergangenes Jahr eingeschult wurde, versammelten sich auf dem Schulhof so viele Zugereiste in Tracht, dass ich mir vorkam wie in einem Wiesnzelt. Einer trieb es mit Gamsbart, Jagdhund und Gewand sogar so weit, dass ihm nur noch die Silberbüchse fehlte, um in einem Heimatfilm als Oberförster aufzutreten.

Allerdings fallen die Klassenunterschiede hier auch stärker auf als in der Stadt, weil die Bevölkerung überschaubar ist und alle nah beieinanderleben. »Da wohnen«, wie mein Freund Henning einmal zu mir sagte, »Leute wie wir, die Geld haben, neben Leuten wie dir, die keins haben. Und wir haben natürlich andere Ansprüche.« Diese Ansprüche und die Aspirationen der vielen Halb- und Neureichen, zu den wirklichen Reichen aufzuschließen, die direkt am See im Süden und (wie die Kohlensäuremillionäre im Höxterschen) allenfalls mal mit dem Ferrari durch den Ort kommen, tun jedoch ein Übriges, um eigentlich allen die Stimmung zu vermiesen. Sie etablieren nämlich einen offenen Wettbewerb darüber, mit seinem Konsumverhalten die Zugehörigkeit zur Gemeinschaft zu bestätigen und sich einen Platz darin zu erkämpfen. Und ein Mittel, mit dem diese Plätze verteilt werden, ist gleichfalls die Beschämung.

Vor einigen Wochen stand ich mit einem mir gut bekannten Vater und einer mir namentlich unbekannten Mutter vor dem Kindergarten. Wir hatten gerade unsere Kinder abgegeben und kamen ins Plaudern. Der Vater war in einer das Glasscherbenviertel genannten Siedlung am Ortsrand aufgewachsen, die allein deshalb so genannt wird, weil dort Mehrfamilienhäuser ohne Penthouse stehen, und lebt nun mit seiner Familie im Haus der Schwiegereltern. Die Mutter war zugezogen und züchtet Pferde. Der Vater klagte, wie teuer alles geworden sei, nicht nur die Immobilien, das ist ja ein

Dauerthema in und um München, sondern auch das Eis auf der Promenade, die Spaghetti beim Italiener und die Semmeln beim Bäcker. Die Mutter hörte ihm schmunzelnd zu, drehte die Ferse ihres Spielbeins auf dem Absatz der Reitstiefel und sagte zu ihm: »Wenn du es dir hier nicht mehr leisten kannst, musst du halt wegziehen. Das ist hier ein besonders schöner Ort, und alles hat seinen Preis.« Einer guten Bekannten ist mal etwas Ähnliches passiert. Als sie nicht einsehen wollte, 70.000 Euro für einen Familien-Van auszugeben, entgegnete ihr eine andere Mutter, sie müsse halt wissen, was ihre Familie ihr wert sei.

ÜBERKOMPENSATION
UND DICKE HOSEN

Die feinen Leute vom Ammersee zeigen mit dem, was sie konsumieren, nicht nur, was sie sich leisten können, sondern auch, welche Werte sie teilen.[57] Es ist ein ethischer Konsum (wie Bio-Essen oder vegane Schuhe) im Sinne des Gemeinsinns. Seine beliebtesten Objekte sind – neben den obligaten VW-Bussen und Solaranlagen, E-Bikes und Einfamilienhäusern – Ammersee-Hoodies und Wing-Foils.

Beides ist eine Form der Überkompensation, also des Bestrebens, einen Mangel auf eine Art und Weise auszugleichen, die übers Ziel hinausschießt. Überkompensationen sind sehr verbreitet. Im Grunde kann man hier keine fünf Schritte tun, ohne ihnen zu begegnen. Jedes Mal zum Beispiel, wenn ich morgens auf dem Rückweg vom Kindergarten neben einer der (es sind ja meistens) Mütter am See entlangspaziere, unser Blick wie zufällig über den See geht und das Bergpanorama im Süden streift, höre ich das hingerissene Seufzen, wie schön es hier doch sei. Jedes Mal, wenn ich einen anderen Vater beim Baden treffe, wir nebeneinander am Kiesstrand stehen und unseren Kindern beim Planschen zusehen oder selbst mit ihnen in die Fluten springen und dann, wie auf rohen Eiern balancierend, über die spitzen Steine aus dem Wasser staksen, versichern wir uns, welches Privileg es doch sei, dass unsere Kinder »an diesem wunderschönen Fleckchen Erde aufwachsen dürfen«. Dabei tragen alle, die etwas auf sich halten, Caps oder Hoodies, auf denen so etwas steht wie *Seeliebe, Ammersee Liaison d'amour Bavaria* oder *Ammersoul*.

Lokale Bekenntnispullover trägt die Dorfjugend mittlerweile überall. London – Paris – Rietberg. Ich kenne aber keinen Ort, dessen Bewohner – ob jung, ob alt – so erpicht darauf sind, ihre Liebe zu ihm kundzutun wie hier. Bevor ich hierherzog, waren mir mit Ortsnamen bedruckte Shirts und Mützen nur an den Ständen fliegender Händler in Urlaubsorten aufgefallen. Aber die Ammersee-Devotionalien hier richten sich nicht an Touristen, sondern an Einheimische.

Die Caps, Sweatshirts und Aufkleber sind so etwas wie der Christenfisch am Kofferraum. Nur dass sie eben keiner Religion gelten, sondern dem Gemeinwillen. Ich sage Ja zum Leben am Ammersee! Die Seeliebe ist so groß, dass sie auf jeder zweiten Brust, Stirn oder Heckklappe prangt. Eben das muss jedoch misstrauisch machen, denn gerade »wovon das Herz *nicht* voll ist, davon geht der Mund über«.[58] Und ich vermute, dass hinter den allzu emphatischen Liebesbekundungen die heimliche Einsicht steckt, dass das Gras hier doch nicht so grün ist, wie es aus der Stadt heraus aussah. Denn dieses Zeug tragen eigentlich nur Zugezogene. Das unterscheidet sie von der erwähnten Dorfjugend. Da sie sich jedoch mit dem unbedingten und quasi ideologischen Willen bewaffnet haben, hier glücklich zu sein, versuchen sie diese Enttäuschung unter umso heißeren Liebesbekundungen zu verstecken und zu begraben.

Die seltsamste Ausgeburt der *YOLO*-Mentalität ist jedoch das Wing-Foil. Ich wusste lange Zeit gar nicht, was das ist, bis ich zu einem Väterstammtisch eingeladen wurde, bei dem es nur zwei Themen gab, Wing-Foils und Vasektomie, zwei Leidenschaften, die hier schwer in Mode sind. Vier von fünf Männern waren vasektomiert und fünf von fünf hatten ein Wing-Foil. Bei der Vasektomie werden, im Unterschied zur Kastration, nur die Samenleiter durchtrennt, der Hoden bleibt zur Hormonproduktion jedoch intakt. Das Wing-Foil ist ein beschnittenes Surfboard mit kleinem Segel, das, ohne Mast, nur mit den Händen gehalten wird. Wenn das Brett Fahrt aufnimmt, hebt es sich aus dem Wasser und fährt (wie ein kleines Tragflügelboot) auf winzigen Flügeln oder Kufen durch das Wasser.

Der Vasektomie haben sich die Männer ihrer eigenen Auskunft nach unterzogen, weil sie sich davon häufigeren Sex mit ihren Ehefrauen versprechen, die nicht verhüten, aber auch nicht noch mehr Kinder bekommen möchten und »jetzt eine Ausrede weniger haben, es nicht zu tun«. Das Wing-Foil haben sich die Männer zugelegt, weil sie, da sie nun am See leben, auch unbedingt surfen wollen, der Ammersee die meiste Zeit des Jahres aber so wenig Wind hat wie ihre Frauen Lust auf Sex. Und das Wing-Foil erlaubt ein kleines Surfvergnügen auch dann, wenn wenig Wind geht. Es ist aber technisch auch nicht vollkommen anspruchslos, und so verbringen Männer viel Zeit im Wasser, wo ihnen schnell kalt wird. Deshalb tragen sie dabei sündhaft teure Neoprenanzüge, mit denen man auch in der Arktis surfen könnte.

Die Vasektomie verlangt ebenfalls besondere Kleidung. Denn der Hoden wird zwar nicht abgeschnitten, schwillt jedoch mächtig an und muss mit einer speziellen Hose gekühlt werden. Als ich Henning das erste Mal mit so einer Hose sah und nicht wusste, dass er sich hatte vasektomieren lassen, dachte ich erst, er trage eine Windel, und habe mir kurz Sorgen gemacht. Sollte er mit einer spontanen Inkontinenz gestraft worden sein? Ich ließ mir aber nichts anmerken und hielt den Mund. Beim Väterstammtisch klärte er mich jedoch auf. Und schließlich ergab alles Sinn. Mehr noch. Ich fand das sehr amüsant: Frustrierte Männer stehen, ein winziges Segel in der Hand, mit geschwollenem Hoden auf kleinen Brettern in der Flaute und hoffen, nicht reinzufallen. Ich hätte gerne noch weiter mit ihnen darüber gesprochen, wie geil das Leben am See ist, aber leider wurde ich nie wieder eingeladen.

KLEINES ZWISCHENFAZIT

Statuskonsum gibt es überall. Ausgrenzung, Verspottung und Beschämung auch. Ich glaube jedoch, dass das Landleben die Niedertracht nährt, die Verspottung der vermeintlich Schwächeren begünstigt und ihrer öffentlichen Beschämung Vorschub leistet, weil es ein Leben in der Gemeinschaft ist. Und die Gemeinschaft macht gemein.

Aber der provinzielle Geist regiert nicht nur das Dorf. Er hat auch in die Städte Einzug gehalten. Und nicht nur dort. Die rezente Landlust entspringt einer breiteren Provinzialisierung des Geistes und einer dumpfen Sehnsucht nach Gemeinschaft, die überhaupt gemeinmacht. Und sie zeigt sich auch in anderen Facetten der sozialen Kontrolle, die neuerlich wieder sprießen wie die Radieschen im Garten, etwa in dem unter dem US-Präsidenten Barack Obama auch politisch nobilitierten Nudging, das Menschen so lange anstupst, bis sie sich so verhalten, wie es sozial erwünscht ist, oder im grassierenden Moralisieren angesichts gesellschaftlicher Probleme.

Um den Ursprung dieses unersprießlichen Trends zu verstehen, müssen wir uns die Psychologie der Beschämung ansehen und die Schwächen einer auf Werte gestützten Normativität.

PROVINZIELL IM GEISTE

Auf die Frage, warum Menschen andere beschämen, gibt es verschiedene Antworten, die auch verschiedene Formen des Beschämens beschreiben. Sie haben jedoch eine Gemeinsamkeit, nämlich die versteckte Schwäche derjenigen, die anderen das antun.

Menschen neigen dazu, andere zu beschämen, wenn diese sich anders verhalten, als sie es selbst tun und es normal finden. In meiner Szene mit der Turnmutter war es so, dass sie mit unserer Beschämung ihre Normalität verteidigen wollte. Und die bestand darin, dass ihr Mann, wie er mir selbst mal erzählte, jeden Morgen um fünf das Haus verließ, um mit der S-Bahn neunzig Minuten zu seinem Bürojob im Norden von München zu fahren. Vor dem Abendessen kam er nicht heim. Ihre Stelle war zwar auch keine Kleinigkeit, aber sie musste der Abwesenheit ihres Gatten wegen alles mit dem Kind allein machen: jedes Frühstück, jeden Weg, jeden Nachmittag, jeden Arztbesuch, jeden Einkauf. So ist es bei den meisten. Es gibt sicher gute Gründe dafür, warum das so ist, aber wie immer die auch aussehen, ist das, was die Gemeinschaft als gemeinsamen Wert formuliert – in dem Fall das traditionelle Familienmodell –, im Grunde nur ein Versuch, mit den Herausforderungen des Lebens umzugehen und dem, was man tut, Bedeutung zu geben.[59] Und das ist eben nicht so einfach, wie die Verteidiger der Werte öffentlich behaupten. Denn wenn deren Wahrheit und Güte unmittelbar einleuchteten, könnten alle Abweichler und Zweifler allein durch den Augenschein eines Besseren belehrt werden.[60] »Geh hin und sieh!« (1. Mose 37). Da jedoch das Normale nicht (mehr) selbstverständlich ist, sondern nur das, was relativ häufig vorkommt (Normalverteilung) und verbindlich sein *soll* (die Norm), aber eben nicht mehr verbindlich *ist*, *muss* es permanent verteidigt werden. Und das umso mehr, umso weniger es den Freunden der Normalität selbst als selbstverständlich und gut erscheint.[61] Diese Verteidigung wird dadurch vollzogen, dass all jene, die das Normale infrage stellen, geächtet, beschämt oder verfolgt werden, und dadurch, dass das Normale zu einem Wert erklärt und moralisch ausgezeichnet wird.

Aber auch Werte gelten nur relativ. Das weiß niemand besser als ihre rechtskonservativen Propagandisten. Der Jurist Hans Freyer etwa, Stichwortgeber der alten und neuen Rechten, formulierte das in seinem Buch *Antäus. Grundlegung einer Ethik des bewussten Lebens* von 1918 so: »Werte stützen sich auf Werte und müssen von Werten getragen sein.«[62] Das heißt, wer sich auf Werte bezieht, gerät in einen infiniten Regress der Rechtfertigung, weil er die Gültigkeit eines Wertes wiederum nur mit einem anderen Wert begründen kann. Eine Gemeinschaft, die sich auf Werte beruft, gerät schnell auf die schiefe Bahn. Denn sobald ihre Werte nicht mehr unumstößlich geglaubt werden, so hatten das etwa der Jurist Carl Schmitt oder der Philosoph Martin Heidegger formuliert, rutscht sie auf einer nicht endenden Kaskade von Rechtfertigungen in den Abgrund. Gerade deshalb aber müssen Werte mit flammendem Schwert verteidigt werden.[63]

Diese Verteidigung führt zu einer Ausweitung moralischer Kriterien auf Fragen der Lebensführung, bei denen es eigentlich nur darum geht, ob sie die Probleme lösen, die sich stellen.[64] Man kann ja viele Dinge im Leben so oder so machen. Alles hat seine Vor- und Nachteile, und eine Diskussion darüber, wie andere Menschen leben, könnte sich eigentlich darauf beschränken, die eigenen Lösungsansätze mit denen zu diskutieren, die *explizit* darum bitten. Aber so ergibt sich natürlich kein gemeinsamer Willen, sondern bestenfalls »ein Koalitionssystem widersprechender Grundsätze [...] der eigenen Glückseligkeit«, wie Kant so hübsch in der *Kritik der praktischen Vernunft* schreibt.[65] Und dieses Koalitionssystem ist der moralischen Bestimmung und Kontrolle gar nicht zugänglich. Denn in Ansehung des individuellen Glücks können wir nur praktisch Erwägungen anstellen, aber nichts befehlen.

Die Gemeinschaft will jedoch befehlen, und sie interessiert das individuelle Glück dabei herzlich wenig.

Ihr geht es nicht darum, was jeder für sich will, sondern darum, was alle gemeinsam wollen *sollen*. Und dieses gemeinsame Wollen wird mit den höheren Weihen der Moral und Sittlichkeit versehen. Deshalb erscheinen Abweichungen dann nicht als schlecht, sondern als böse.

Allerdings ist das auch gar nicht anders möglich. Denn das Sittliche ist tautologisch und zwingt zur Wiederholung, wie Hegel schreibt.[66] Sobald einmal feststeht, was sittlich ist, kann sittliches Verhalten nur darin bestehen, genau das wieder hervorzubringen, was schon da ist. Deshalb kann jede Abweichung von der Sittlichkeit nur unsittlich sein. Die Sittlichkeit ist konservativ und verbittet sich jede Korrektur. Das ist der Unterschied zur Moral, die sich immerhin durch Vernunft eines Besseren belehren lässt.[67] Auch die Sittlichkeit ist provinziell. Deshalb führen die Dörfler sie so gerne im Munde.

Gemeinschaften wie das Dorf üben soziale Kontrolle aus, indem sie das Verhalten ihrer Mitglieder permanent auf Abweichungen von der Sittlichkeit hin überprüfen, und diese ungefragte Bewertung der Lebensweise anderer – in der direkten Ansprache an sie, aber auch im Gezischel und Gerede hinter ihrem Rücken, diese tratschende, verleumdende und denunzierende Hypermoral – macht das Leben auf dem Lande mitunter unerträglich.[68]

Dagegen lobte ich mir schon als Kind unseren Pfarrer Greif, denn der lebte jenseits von Gut und Böse. Er hat die Werte der Gemeinschaft öffentlich stets mit alttestamentarischer Strenge verteidigt, privat jedoch sich selbst und anderen jede Lizenz gegeben. So wetterte er zwar gegen die Sodomiten, pflegte aber eine innige Freundschaft mit einem Homosexuellen und einem Päderasten (aka unserem Dorfkrämer Scharrer und dem Schulmeister) und traf sich mit ihnen jeden Sonntag zu feuchtfröhlichen Filmnachmittagen. Der Dorfkrämer saß mal einige Jahre im Gefängnis, weil er sexuelle Handlungen an Jungs vorgenommen hatte. Im Gegensatz zu den Männern in Sodom, die sich mit Gewalt über Loths Gäste »hermachen« wollten, soll er dabei aber sehr zärtlich gewesen sein und auch gut bezahlt haben. Für Fellatio gab es fünf Mark, zwei, wenn man sich von ihm einen runterholen ließ, hinten im Lager, zwischen Pökelfleisch und Kartoffeln. Darüber wurde zwar hergezogen, denunziert hat den Kaufmann indes eine Konkurrentin, die hoffte, ihn damit loszuwerden. Ihr Anschlag war jedoch nicht von dauerhaftem Erfolg gekrönt. Nach ein paar Jahren war Scharrer wieder da, aber wohl nicht mehr der Alte. Uns Jungs war es trotzdem verboten, sein Geschäft allein zu betreten, und unsere Eltern warnten uns eindringlich, seinem warmen Zuvorkommen zu trauen.

Der Lehrer Thiel war weniger zart. Er hatte Freude daran, seine Schüler zu quälen. Wenn er eine Aufgabe stellte, zählte er mit seinen dicken, nikotinvergilbten Fingern bis drei. Wer dann die Lösung nicht wusste, wurde bestraft. Mädchen kniff er mit seinen langen Nägeln tief ins Fleisch. Jungs schlug er mit seinen fetten Händen ins Gesicht. Beiden trat er mit seinen vom

Krieg versehrten Klumpfüßen auf die Zehen. Ödipus ante discipulos.

Ich war der Einzige, bei dem er das nicht durfte. Denn meine renitenten Eltern hatten ihm die Erlaubnis zur disziplinierenden Züchtigung nicht erteilt – und damit war er überhaupt nicht einverstanden. Er tätschelte mir gelegentlich die Wange und verzehrte sich fast vor Lust, auch mir – und mir ganz besonders, dem verbotenen Früchtchen – eine reinzuhauen (»Ich würde dir so gerne eine scheuern, Vedder, so gerne!«). Bei jedem Elternsprechtag bekniete er meine Mutter, es ihm doch noch zu gestatten. »Frau Vedder, wenn ich nur könnte, wie ich wollte, schriebe der Björn nur Einsen.«

Er durfte aber nicht. Zur Strafe musste ich zusehen. Aber das fand er auch ziemlich geil. Ich erinnere mich an eine Szene mit meinem Banknachbarn Marco, der seine Hausaufgaben zum wiederholten Male nicht erledigt hatte. Also schlug der Lehrer ihm erst links und rechts gegen den Kopf, packte ihn dann am Schopfe und knallte sein Gesicht mit solcher Kraft auf die Tischplatte, dass Marcos Blut auf mein Heft spritzte. Ich duckte mich erschrocken weg, aber Thiel befahl meinen Blick auf das Geschehen. »Sieh dir das an, Vedder!« Ich wollte das nicht, aber ich traute mich auch nicht, dem erregten Päderasten zu widersprechen, also stützte ich den Kopf in meine Hände und blickte schräg nach unten durch die Arme auf des Lehrers Hose – wo ich sehen musste, wie stark ihn seine Tat erregte. Und Thiel sah, dass ich es sah – und grinste. Dann wischte er sich die Hand, angewidert von Marcos fettigen Haaren, an dessen Pulli ab und ging mit einem lockeren »Wasch dich!« zur Tafel.

Wenn der Pfarrer, der Lehrer und der Krämer (das Personal einer Dorfnovelle) sich sonntagsnachmittags trafen, wurde die Tür verschlossen, die Rollos wurden herabgelassen, und niemand durfte stören. Neugierig wie wir waren, haben wir die Enkel des Krämers zuweilen aufgefordert, doch mal Mäuschen zu spielen. Was die wohl für Filme gucken? Und reden und tun? Doch den Kindern war das Haus zu diesen Stunden verboten, und so blieb uns nur, das Grunzen und Lachen und Klatschen zu interpretieren, das zuweilen durch die Jalousien drang, um unseren Forschergeist zu befriedigen. Heute meine ich, wir hätten es uns auch denken können.

Im Grunde war unser Pfarrer ein postmoderner Ironiker. Er wusste um die Kontingenz der von ihm vertretenen Werte und Überzeugungen und die prosaische Vorläufigkeit dessen, was er als wahr ausgab. Und er reagierte darauf mit ironischer Distanz und Heiterkeit, denn er nahm nichts wirklich ernst. Mit der Solidarität jedoch, die nach Meinung liberaler Philosophen als dritte Qualität unbedingt dazukommen muss, damit der Mensch nicht ins Boudoir abrutscht, grausam und mitleidslos wird, hatte er seine Schwierigkeiten. Zumindest verriet sein Handeln nichts davon, dass in ihm etwas Menschliches mitschwang, wenn er das Leid anderer sah.[69] Als ich kommuniert wurde, erlegte er uns Kindern eine strenge Abstinenz auf. Wir durften nach dem Abendessen am Vortag außer Wasser nichts mehr zu uns nehmen, damit wir unsere erste Kommunion mit dem Leib Christi hungrig, rein und ernst vollzögen. Vielen ist diese eucharistische Nüchternheit (die der Vatikan nebenbei schon 1964 abgeschafft hatte) nicht gut bekommen. Vor allem Mädchen fielen reihenweise in Ohnmacht und verbrachten den Vormittag, auf den sie sich lange vorbereitet und für den ihre Eltern sie kostspielig ausstaffiert hatten, malade. Als seine nachmittägliche Besuchsrunde den Pfarrer auch an unsere Kaffeetafel führte (wo er, wie wahrscheinlich in den anderen Haushalten auch, drei Stück Torte fraß), fragte ihn meine Mutter, ob ihm die Mädchen nicht leidtäten und ob so eine strenge Diät wirklich nötig gewesen wäre. Nein, war seine schmatzende Antwort, und »ja, ich habe das gemacht, damit sie lernen zu gehorchen«.

Er wusste, dass Werte nicht begründet werden können, sondern einfach geglaubt werden müssen und eben nicht nur dazu da sind, das Leben in einer Gemeinschaft zu organisieren und ihm Bedeutung zu geben, sondern auch dazu, die Rangordnung festzulegen. Deshalb verteidigte er sie um jeden Preis, obwohl er insgeheim von ihrer Haltlosigkeit überzeugt war. Dabei unterstützte ihn, neben seiner schönen klaren Stimme, mit der er uns die Schrecken der Verdammnis ausmalte, auch sein großes theatralisches Talent, das ich immer bewundert habe. Wir übten als Messdiener nicht nur die Prozessionen, sondern auch jede Handbewegung, als wären wir im Staatstheater.

Zu den besonderen Leistungen unserer Honoratioren gehörte die Vertreibung der (neben der imposanten Kirchturmuhr) einzigen Attraktion unseres Dorfes: eines unter dem Namen Haus Dupont firmierenden Puffs. Bevor sich das Etablissement bei uns niederließ, waren die Leute immer nur durch den Ort durchgefahren und hatten vielleicht bewundernd nach der schönen Kirchturmuhr geschaut, aber kaum einer hatte es für nötig befunden anzuhalten, wenn er es nicht unbedingt musste. Fremde mieden uns. Das änderte sich jedoch dank dem Haus Dupont und seinem guten Ruf. Nun bog mancher von der Bundesstraße ab und lenkte seinen Wagen hoch zu den Überresten des alten Bahnhofs und des Bombenkellers, gegenüber welchen der Neubau des Etablissements stand. Und das bescherte unserem Dorf einen regen Verkehr.

Auch für uns Kinder war das Haus eine schöne Abwechslung im ländlichen Leben. Die dort beschäftigten Damen (allesamt charmant und adrett und auch hübscher zurechtgemacht als die heimischen Pomeranzen) saßen, sofern sie keine Kundschaft hatten und das Wetter heiter war, neben uns auf dem Dach des Bunkers, plauderten mit uns über das Leben und schickten uns des Öfteren nach Zigaretten, Piccolos oder Lippenstiften ins Dorf, wobei wir das großzügige Wechselgeld stets behalten durften. Dem Majordomus war es sogar gelungen, den verhaltensauffälligen Eibisch in seinen Betrieb zu integrieren, und ich muss sagen, dass er sich unter seinen Fittichen weit gefälliger ausnahm als auf dem Spielplatz, wo er jüngeren Kindern mit dem Ansinnen nachstellte, ihnen die Grundlagen der Masturbation zu erläutern oder sie zusammenzuschlagen.

Dennoch hatten die Altvorderen von Anfang an etwas gegen die neue Attraktion und vertrieben das Haus Dupont schließlich. Ich zitiere im Folgenden aus dem Brief, den sie zu diesem Behuf (im Namen aller Bürger des Ortes!) an die zuständige Stelle in der nächsten Kleinstadt schrieben, weil er wie kein zweites Dokument, das die Chronik des Ortes überliefert, die Bigotterie, Heuchelei und anmaßende Unverschämtheit provinzieller Menschen zeigt.

»Sehr geehrter Herr Stadtdirektor S.!

Ihnen ist sicher bekannt, daß ... seit einigen Tagen um eine äußerst fragwürdige Institution *bereichert* wurde, gemeint ist das sogenannte *Haus Dupont* an der Ottsbergstraße.
Wir können uns des dringenden Verdachtes auf Ausübung bzw. Förderung der Prostitution nicht erwehren. [...]
Wir sind unter keinen Umständen bereit, eine derartige Einrichtung in unserer Dorfgemeinschaft hinzunehmen oder zu dulden, wohlwissend, daß eine rechtliche Absicherung seitens dieses eigenartigen Übernachtungsbetriebes gegeben ist.

Es ist natürlich überflüssig, Sie auf die ethisch-moralischen Verpflichtungen unsererseits hinzuweisen, doch gestatten Sie uns bitte zur Begründung unserer Sorge kurz nur die wichtigsten Punkte anzuführen.

Die Eröffnung und Inbetriebnahme dieses Hauses stehen in grundsätzlich krassem Widerspruch zur christlichen Moral und werden von uns als sündhaftes Laster abgewertet. Jede Erziehungsarbeit seitens Elternhaus, Schule und Kirche an unseren Kindern und Jugendlichen muss dann zu einer Farce werden im Angesicht dessen, was im Haus Dupont an bisweilen schon öffentlich bekannt gewordenem Ärgernis geschieht und geduldet wird.

[…]

Unser Dorf hatte bislang einen guten Ruf. Der Name … ist in diesen wenigen Tagen bis weit ins Land zu einem Begriff geworden. Wir betreiben Kultur- und Heimatpflege. Wir bemühen uns Vätersitte und Ordnung zu erhalten. Die ethische Heimatpflege wird jetzt auf das Schändlichste besudelt.

Sehr geehrter Herr Stadtdirektor, wir hoffen und sind überzeugt, dass Sie für unsere Sorgen Verständnis haben und alles versuchen werden, in unserem Sinne entsprechende Schritte zu unternehmen. Trotzdem dürfen wir Sie darauf hinweisen, dass wir gegebenenfalls mit allen uns als Demokraten zustehenden Möglichkeiten unsere moralischen Rechte und Verpflichtungen zu vertreten wissen, bis es bei uns kein *Haus Dupont* mehr gibt.

Angesichts der zunehmenden Beunruhigung und Verärgerung innerhalb der Bevölkerung bitten wir Sie, [...] im Interesse der bisherigen öffentlichen Ruhe und des so guten Namens unseres Ortsteils eine eventuelle Prüfung des erwähnten Betriebes, vor allem aber eine unbedingte Schließung, einzuleiten.«[70]

Da war er wieder, der Lynchmob. Angedroht von besorgten Bürgern, die kein Problem damit hatten, einen verkrüppelten Jungen zu verhöhnen, Juden zu vergasen, ihre Kinder in der Schule verprügeln zu lassen und Mädchen zur Nüchternheit zu zwingen, damit sie Gehorsam lernen, die aber ihre Gemeinschaft besudelt sahen, als hinter der Ortsgrenze ein Barbetrieb aufmacht. Lupenreine Demokraten, die mit einem Aufruhr drohten, wenn ihnen die Staatsgewalt nicht gewährte, was sie für ihr Recht hielten: nämlich, dass alle Menschen so leben, wie sie es richtig finden, und sich ihren Werten und Überzeugungen, kurz ihrem Willen beugen. Und dieses Recht werteten sie höher als die Gesetze.

In ihrem Sittengemälde aus dem »gebirgichten Westfalen« porträtiert Annette von Droste-Hülshoff »eine Dorfgemeinschaft verschlagener Individuen in einer Landschaft, deren oberflächlicher Reiz die Enge, Intoleranz und Empathielosigkeit ihrer Bewohner nur mühsam verdeckt«.[71] Das beschreibt mein Heimatdorf ganz gut.

Das Leben auf dem Lande zeigt, welchen Preis eine Gesellschaft zu zahlen droht, die ihren Zusammenhalt in einer wertegestützten Gemeinschaft finden will: autoritäre Herrschaft und Hypermoral, Verachtung der liberalen Gesetze und Institutionen, Reinheitsideologien und Verekelung der anderen, ihr Ausschluss und ihre Entrechtung, Heuchelei – und Gewalt. Diese Gewalt ist nicht immer so offen wie die, die im Brief angedroht wird. Sie zeigt sich auch in den subtileren Formen der sozialen Kontrolle, wie dem sozialen Druck, sich dem Gemeinwillen unterwerfen zu müssen, um anerkannt zu sein, und in der Ausgrenzung und Beschämung derer, die das nicht tun.

DAS DORF IST ÜBERALL

Umso stärker sich Gesellschaften auf Werte beziehen, umso dringlicher neigen sie dazu, andere zu beschämen. Das lässt sich nicht nur in der Provinz beobachten, wo die Gemeinschaft auf einer »ebenso verpflichtenden wie identitätsstiftenden gemeinsamen Konzeption des Guten« gründen soll, wie Tönnies schreibt, sondern auch in anderen Weltregionen, in denen ein provinzieller Geist regiert. In den Vereinigten Staaten von Amerika werden beispielsweise immer wieder Stimmen laut, die dafür werben, andere zum Zwecke der sozialen Kontrolle zu beschämen – nicht nur durch Ausschluss aus der Gesellschaft oder andere Formen der Stigmatisierung, sondern gerne auch durch die Polizei und weitere Strafverfolgungsbehörden, die sozial unerwünschtes Verhalten mit öffentlichen Formen der Beschämung bestrafen sollen. Dies entspräche den Praktiken des europäischen Mittelalters, als man Delinquenten an den Pranger stellte, wo sie vom Volk bespuckt, geschlagen und verhöhnt werden durften.

Dabei geht es auch den neuen Freunden der Beschämung um die Verteidigung ihrer Werte. So schreibt etwa der kanadische Philosoph Joseph Heath in seiner *Defense of Stigmatisation* (2017), dass Eheleute vom sozialen Leben vollständig ausgeschlossen werden sollten, wenn sie untreu sind. Sein Argument geht so: Die Ehe ist ein Wert, der verteidigt werden sollte. Ein Hauptgrund für Ehescheidungen ist Untreue. Menschen sind untreu, weil sie sich selbst nicht unter Kontrolle haben. Die Aussicht auf eine Strafe kann ihnen helfen, sich selbst zu beherrschen. Die zu erwartenden Strafen für Untreue sind aber zu schwach, kommen zu spät und sind überhaupt ungewiss. »In der heutigen sozialen Umgebung«, so Heath, »mag ein Mann, der eine außereheliche Affäre in Betracht zieht, zögern, aus Angst, dass seine Frau sich von ihm scheiden lassen würde, wenn sie es herausfindet, aber er muss nicht befürchten, einer allgemeineren sozialen Ächtung ausgesetzt zu sein. Es ist nicht mehr wahrscheinlich, dass er von seinen Eltern verstoßen, von Freunden und Kollegen gemieden oder aus seinem Countryclub ausgeschlossen wird. Dies verringert deutlich den Anreiz, die Untreue zu unterlassen.«[72]

Es interessiert Heath nicht, warum Leute untreu sind oder ob sie nach einer Scheidung glücklicher wären. Es kümmert ihn auch nicht, ob sie in der Ehe glücklich sind. Die individuelle Glückseligkeit der Menschen, ob es ihnen gut oder schlecht geht, ist für ihn nicht entscheidend. Er setzt einen Wert und will den verteidigen.

Und dieser Wert ist die Ehe. Um sie wieder zu stärken, so Heaths Forderung, sollten wir Ehebrecher wieder vor ein Scherbengericht stellen, sie allgemein ächten und ihrer gesellschaftlichen Stellung vollständig berauben. Ich glaube, Heath würde sich auf einem deutschen Dorf sehr wohlfühlen, und vielleicht auf einem Dorf aus dem 19. Jahrhundert ganz besonders. Mich erinnert sein Wunsch, untreue Eheleute zu stigmatisieren, an Theodor Fontanes Roman *Effi Briest* (1894/95), in dem Effi, weil sie einen kleinen Schritt vom Wege getan, geschieden und geächtet wird. Nicht nur von der Gesellschaft, sondern auch von ihren Eltern – genauso, wie Heath sich das wünscht. Effis Mutter schreibt ihr:

>»Die Welt, in der Du gelebt hast, wird Dir verschlossen sein. Und was das Traurigste für uns und für Dich ist [...] auch das elterliche Haus wird Dir verschlossen sein, [...] weil wir Farbe bekennen und vor aller Welt [...] unsere Verurteilung Deines Tuns, des Tuns unseres einzigen und von uns so sehr geliebten Kindes, aussprechen wollen.«[73]

Wenn das in der Stadt anders ist, hat das auch mit der größeren Anonymität zu tun, die dort herrscht. Der Trend, andere zu beschämen, um ein vermeintlich gemeinsames Gut zu verteidigen, ist eine allgemeine Modeerscheinung, und die paternalistische Bevormundung Einzelner durch die Gemeinschaft derer, die es besser wissen, wird langsam überall gang und gäbe. Sei es beim

Essen oder beim Trinken, beim Rauchen, beim Sport und bei der Altersvorsorge, beim Klimaschutz und bei der Gesundheitsvorsorge: Es gibt kaum einen Bereich des Lebens, in dem man neuerdings nicht dazu aufgefordert wird, das zu wollen, was die anderen wollen, und in dem man nicht mit sozialer Ächtung rechnen muss, wenn man sich diesem Gemeinwillen verweigert. Besonders deutlich wurde das auch während der Coronapandemie, als die Kritiker der staatlichen Maßnahmen nicht sachlich kritisiert, sondern als Unmenschen gebrandmarkt und als Dummköpfe verspottet wurden; oder auch angesichts des Kriegs in der Ukraine, bei dessen Beginn wir alle, bei denen nicht gleich die Kriegsfahnen wehten, als Feinde der Demokratie an den Pranger stellten.

Wissenschaftlich flankiert wird dieser Trend zur sozialen Harmonisierung von Verhaltensökonomen wie Cass Sunstein und Richard Thaler, die Obama dabei geholfen haben, den Amerikanern die nötigen Anstöße zu geben, freiwillig »das Richtige zu tun«. Sie sind jedoch nur die bekanntesten. Weltweit gibt es über zweihundert staatliche und nichtstaatliche Institutionen, die sich psychologisch-manipulative Tricks einfallen lassen, damit Menschen die in ihren Augen bessere Entscheidung treffen.[74] Sie glauben sich dazu berufen, weil »das Volk« in ihren Augen zu uninformiert, zu dumm und zu willensschwach ist, um von sich aus das Richtige zu wollen und das Richtige zu tun.[75] So wie die Kinder, die mit liebevoller Strenge erzogen werden müssen. Thaler und Sunstein nennen das *libertären Paternalismus*, und ich finde, das wäre auch ein guter Name für die soziale Kontrolle auf dem Land, denn auch das Dorf ist von einer paternalistischen Ordnung getragen, in welcher der Vater, wie Tönnies schreibt, Herrschaft, Autorität und Würde verkörpert.[76]

Sogar Philosophen finden neuerdings wieder Gefallen daran, andere öffentlich zu beschämen, wenn das hilft, die Gesellschaft stärker auf das auszurichten, was in ihren Augen das Gemeinwohl ist. Ich verdanke den Hinweis auf Heath meinem Freund Horst, der sich gerade in der praktischen Philosophie habilitiert hat, der, wie Heath auch, aus der neueren Frankfurter Schule kommt und der die Stigmatisierung als Mittel der sozialen Kontrolle gar nicht so schlecht findet. Richtig gehört: Die Schüler Adornos, der sein Leben lang gegen jede Vereinnahmung des Einzelnen durch etwas Allgemeines gekämpft hat und der in der sozialen Kontrolle und im gesellschaftlichen Druck die Voraussetzungen dafür gesehen hat, dass Auschwitz möglich war – »Autoritätsstrukturen« nebenbei, die seiner Meinung nach auf dem Land überlebt haben –, finden es richtig, andere zu beschämen, wenn sie sich dem Gemeinwohl verweigern.[77] In diesem Sinne hat unlängst auch Adornos berühmtester Schüler, Jürgen Habermas, im Ausgang von Corona »erheblich strengere Verhaltensvorschriften und Auflagen« gefordert und etwa die koreanische Regierung dafür gelobt, dass sie »einer disziplinierten Bevölkerung mit rechtzeitig verordneten strikten Auflagen und dem klugen Einsatz von Informationstechniken« beigestanden habe, wie er euphemistisch schreibt. Denn die praktischen Konsequenzen dieser Disziplinierung waren »mediale Einschüchterung, Standortkontrolle während der Quarantäne, massenhafte Auswertung von Bewegungsdaten, Zahlungsverkehr, Überwachungskameras«.[78] Also die hochtechnisierte, digitale Variante der Augen des Dorfes (oder Gottes), die alles sehen, bzw. des absoluten Gefängnisses, das sich Bentham ausgedacht hat.

Um diese Form der sozialen Kontrolle zu legitimieren, schlägt Habermas eine Neuinterpretation des Grundgesetzes vor, die das »Recht auf Leben und körperliche Unversehrtheit« dem Recht auf Freiheit überordnet. Beides wird durch Art. 1, Abs. 2 des Grundgesetzes geschützt. Anders als die Dörfler beruft sich Habermas nicht auf ein überpositives Recht, das (wie die Werte und das gemeinsame Wollen) über dem Recht steht. Er will jedoch das von ihm besonders favorisierte Grundrecht auf Leben aus der Beschränkung durch die anderen Grundrechte lösen und allen anderen überordnen. Denn auch Habermas möchte die Gesellschaft nach seinen Vorstellungen homogenisieren und will, dass alle tun, was er richtig findet.

Im Unterschied zu den Idioten vom Land formulieren die genannten Philosophen das Gemeinwohl zwar nicht nach der Bibel oder konservativen Werten, sondern wollen es in einem deliberativen Prozess erkunden – also indem sie selbst darüber nachdenken und uns dann mitteilen, was wir wollen sollen. Aber ich finde, das macht es nicht besser. Denn unser Pfarrer besaß wenigstens die intellektuelle Redlichkeit, die Relativität seiner Werte und Überzeugungen einzusehen – wenn ihm auch die menschliche Redlichkeit fehlte, das zuzugeben und umzusetzen. Und die Wertkonservativen vom Dorf sind immerhin bescheiden genug, sich ihre Normen und Handlungsmuster nicht selbst auszudenken. Aber nicht wenige Philosophen und Politikberater meinen allen Ernstes, sie wüssten am besten, was die Menschen wollen sollen, und sie schrecken nicht davor zurück, andere zu beschämen, um das auch durchzusetzen und die Gesellschaft nach ihren Vorstellungen zu harmonisieren. Damit passen sie gut aufs Dorf – und das Dorf gut in den Zeitgeist.

Mit diesem Vergleich kommt eine geheime Sehnsucht in der neueren Landlust ans Licht, die noch mal zu ihren rechten Quellen zurückführt. Es ist der Wunsch, das anstrengende individuelle Leben aufzugeben, in den Schoß einer Gemeinschaft zurückzukehren und sich von anderen sagen zu lassen, was gut und richtig ist. Der Psychologe Erich Fromm hat diese Sehnsucht in einer berühmten Untersuchung von 1941 als *Flucht vor der Freiheit* bezeichnet und in ihr ein zentrales Motiv gesehen, warum seine Landsleute Hitler so geliebt und seine Herrschaft aktiv herbeigewünscht haben.[79]

Für Fromm entspringt diese Flucht der Lust, »das eigene Selbst loszuwerden, sich selbst und damit die Last der Freiheit zu verlieren«.[80] Viel davon kehrt in der rezenten Landlust wieder, der Rückkehr zum einfachen

Leben, den angestammten Traditionen und der heimatlichen Scholle. Sich in den Zyklus der Jahreszeiten und Feste wiedereinfügen, Kirchweih, Schützenfest und Karneval. Einfach tun, was alle tun, weil man will, was alle wollen, um sich nicht mehr so unbedeutend und allein zu fühlen. Regression in die Gemeinschaft.

Für Fromm ist die Lust, sich selbst loszuwerden, im Kern masochistisch oder sadistisch.[81] Beide Neigungen entspringen für ihn jedoch einem gemeinsamen Grundbedürfnis, nämlich dem, der eigenen Isolation und Schwäche zu entkommen und sich, wie pervers auch immer, mit anderen zu verbinden. Aber auch hier gibt es Parallelen zum Gemeinsinn, den ich indes stärker als sadistisch denn als masochistisch erfahren habe, etwa wenn die Dörfler meinen Freund Matthias als »stinkenden Krüppel« bezeichnet haben und munter lachten, wenn er mutlos in sich zusammensank.

Der Umgang mit ihm beleuchtet einen zweiten Grund, warum Menschen andere beschämen, nämlich als Reaktion auf eigene Scham. Jemand schämt sich einer eigenen Schwäche wegen, kann oder will die aber nicht zugeben und beschämt dann andere, um seine Scham hinter ihrer Beschämung zu verstecken. Das Abscheulichmachen, Beschämen und Verekeln von Menschen ist dann eine narzisstische Aggression, wie Nussbaum schreibt.[82] Ihre Beschreibung stützt sich auf psychoanalytische Untersuchungen über die Scham und hat mir geholfen zu verstehen, warum die Menschen meinen Freund Matthias so behandelt haben, wie sie es taten.

Das Gefühl der Scham, so Psychologen wie Donald Winnicott oder Melanie Klein, entsteht das erste Mal, wenn Kleinkinder erkennen, dass sie der Welt hilflos gegenüberstehen, ihnen aber geholfen werden kann. Sie werden gefüttert, wenn sie hungrig sind, und getröstet, wenn sie traurig sind. Sie beginnen, sich als Zentrum dieser Aktivitäten zu erfahren, aber auch Liebe und Wut gegenüber ihren Pflegern zu empfinden, je nachdem, ob die eigenen Wünsche befriedigt werden oder nicht. Damit ist zugleich eine Erfahrung der Unangemessenheit verbunden. Das Kind realisiert, dass es sich nicht selbst verschaffen kann, was es sich doch selbst verschaffen sollte: die Befriedigung seiner Wünsche. Es erfährt sich als schwach und von anderen abhängig. Diese Erfahrung der Schwäche und Abhängigkeit ist mit Scham verbunden, sagen die Psychologen, einer primitiven oder infantilen Scham. Sie ist das Gefühl einer Unangemessenheit gegenüber einem idealen Zustand und der Angst, von einem essenziellen Gut abgeschnitten zu werden. Später wird diese infantile Scham mit sozialen Normen verbunden und zu einem komplexen Gefühl. Als Basisempfindung bleibt sie aber bestehen, und die Frage ist, wie wir damit umgehen. *Reife Erwachsene*, so Winnicott, können ihre Abhängigkeit von anderen Menschen akzeptieren. Sie bestehen nicht darauf, omnipotent zu sein und das, wovon sie abhängen, zu besitzen oder zu kontrollieren. Das tun *unreife Erwachsene* hingegen schon. Sie fühlen sich von ihrer Abhängigkeit und Sterblichkeit beschämt.

Wenn ich diese Erklärung zugrunde lege, dann hat mein Freund Matthias die anderen mit seiner angeborenen Fehlbildung, seinem unkontrollierten Schließmuskel und seinem humpelnden Gang daran erinnert, dass auch sie schwache Kreaturen sind, anfällig, verletzlich und vom Tod bedroht. Dadurch fühlten sie sich beschämt und gekränkt. Sie konnten oder wollten sich das aber nicht eingestehen und projizierten ihre eigene infantile Scham auf *ihn*, kränkten und beschämten *ihn*.

Das war unmenschlich. Es war unmenschlich meinem Freund gegenüber, weil es ihn in einer Weise verletzte, von der er sich nur schwer erholen konnte. Es sprach ihm seine Menschlichkeit ab und entwertete ihn. Ich erinnere mich an einen Nachmittag, an dem ich zu ihm kam und dieser große und hübsche Junge an der Treppe zu dem Dachboden stand, auf dem er hauste, und weinte. Wir waren gerade auf weiterführende Schulen in der nächsten Kleinstadt gewechselt, und er wurde in der neuen Schule genauso gehänselt wie in der alten. Er hatte gehofft, dass es dort anders wäre, menschlicher. Aber seine Kameraden pflegten denselben provinziellen Geist wie daheim. Ich habe versucht, ihn zu trösten, und ihm gesagt, ich hätte neulich einen Film gesehen, in dem sich ein Schüler in einem französischen Internat umbringt, weil er von seinen Kameraden so arg gehänselt wird. Als ich das sah, hätte ich mir gewünscht, dass unsere Kameraden den Film auch sehen, damit sie wüssten, wie traurig ihre Hänseleien uns machten. »Den Film haben sie aber nicht gesehen«, sagte Matthias, »die waren alle beim Fußball. Und wenn sie ihn gesehen hätten, hätten sie ihn nicht verstanden, sondern über den Jungen gelacht, weil sie gar nicht sehen können, wie gemein sie sind.«

Kann sein, dass Matthias recht hatte, denn wer andere auf die beschriebene Art und Weise beschämt, ist nicht nur unmenschlich den Beschämten gegenüber, sondern auch gegen sich selbst. Mit dem Beharren auf der eigenen Allmacht und Unverletzlichkeit macht er sich blind für das, was uns als Menschen auszeichnet und wirklich eine Art Gemeinsinn tragen könnte, der, wie Tönnies schreibt, mit der vereinigenden Macht der Religion vergleichbar wäre: nämlich die Anerkenntnis unserer Verletzlichkeit und die Angewiesenheit auf den Beistand anderer.[83] Eben das, was unser Pfarrer eigentlich hätte predigen und mit seiner intellektuellen Redlichkeit verbinden sollen.

Die Frage ist aber doch, warum es den Menschen auf dem Land so schwerfällt, ihre Verletzlichkeit und Schwäche einzugestehen. Oder warum sie so hart und gemein sind. Einige Anhaltspunkte tauchten schon auf. Das Klammern an die Normalität und an Werte versetzt Menschen in erhöhte Kampfbereitschaft. Sie müssen den Grund, auf dem sie stehen, permanent verteidigen, weil sich darunter ein Abgrund der Grundlosigkeit verbirgt. Der Philosoph Michel de Montaigne spricht deshalb von einem »mystischen Grund der Autorität«.[84] Und die allgegenwärtige Hierarchisierung der Gesellschaft durch ständige Abwertungen erzeugt einen

113

sozialen Druck, der es wie Selbstmord erscheinen lässt, seine Schwächen zu zeigen, und der auch nur nach unten abgelassen werden kann. Unter diesen Umständen können Menschen nur sehr schwer zu *reifen Erwachsenen* werden. Und diese seelische Missbildung geben sie von Generation zu Generation weiter. Dadurch wird der Umgang grausam und brutal, oder barbarisch, wie Adorno sagt. Denn die Unterordnung unter die autoritären Strukturen verlangt den Menschen eine besondere Härte gegen sich selbst ab, die sie dann an andere weitergeben. Aus der Erfahrung des Schmerzes nehmen sie sich das Recht, auch anderen Schmerzen zuzufügen. Ein Sadismus aus uneingestandenem Leid, eine von gesellschaftlichem Druck gezüchtete Bösartigkeit.[85]

Hinzu kommt die beschriebene Provinzialität im Geiste, die die eigenen Anschauungen verabsolutiert und gegen jede Kritik immun macht. Gerade das macht die Landmenschen ja zu Idioten im Wortsinne. Und diese Idiotie verhindert einen Umgang miteinander, der von unseren Schwächen ausgeht und fragt, inwiefern wir das eigene Verhalten den anderen zumuten können. Was will sie? Was will ich? Was bin ich ihm schuldig? Das erzeugt eine Solidarität im Umgang miteinander, bei der wir uns nicht auf fremde Werte beziehen müssen – außer auf den, dass wir die anderen fremd sein lassen und ihnen zugestehen, dass sie ihrer eigenen Herzensordnung folgen, genau wie wir.[86] Darauf müssen wir Rücksicht nehmen, wenn wir unsere eigenen Wünsche und Ziele realisieren möchte, ohne uns selbst zu widersprechen. Welche Konsequenzen hat das, was wir wollen, für das, was sie wollen, und sind ihnen diese Konsequenzen zumutbar? Der Liberalismus ersetzt diese Zumutbarkeitserwägungen durch Kraft und Gesetze und zerstört damit jede Solidarität. Ich darf, was ich aus eigener Kraft kann, solange es erlaubt ist. Der Gemeinsinn ersetzt sie durch gemeinsame Ziele. Ich darf, was ich wollen soll. Damit gibt er nicht nur der Solidarität ein normatives Korsett, sondern auch meiner Ordnung des Herzens. Das schaltet jede Zumutbarkeitserwägung von vornherein aus. Ich habe nichts selbst zu wollen.

Das Denken vom anderen her, dem Fremden und Unverstandenen, ist dem provinziellen Geist vollkommen fremd, weil ihm der Nächste nie der Fernste ist, wie es bei Nietzsche heißt, sondern immer nur der Nachbar, mit dem man sich gemeinmacht.[87] Und gemeinmachen heißt, dass man ihn bestenfalls zu sich herunterzieht oder noch ein bisschen tiefer stößt, aber kaum je versucht, sich bewundernd zu ihm zu erheben.[88]

MEIN NACHBAR, DER FREMDE

Dabei könnte die ländliche Raumordnung gerade das Gegenteil fördern. Die schiere Größe der Häuser und Gärten hält die anderen so weit auf Abstand, dass sie nicht nur ein Stück weit fremd bleiben, sondern das Auge sie auch mit dem nötigen Abstand betrachten könnte, um ihre Schwächen zu übersehen. Nietzsche bezeichnet das als idealisieren und sagt, »man soll sich aber aus der Malerei recht deutlich machen, was idealisieren heisst. Der Maler verlangt, dass der Zuschauer nicht zu genau, zu scharf zusehe, er zwingt ihn in eine gewisse Ferne zurück, damit er von dort aus betrachte; er ist genöthigt, eine ganz bestimmte Entfernung des Betrachters vom Bilde vorauszusetzen; ja er muss sogar ein ebenso bestimmtes Maass von Schärfe des Auges bei seinem Betrachter annehmen; in solchen Dingen darf er durchaus nicht schwanken.« Kurz: Wenn wir uns das Leben erleichtern möchten, dürfen wir die Makel der anderen gar »nicht zu genau sehen wollen« und müssen unseren »Blick immer in eine gewisse Entfernung zurückbannen«.[89]

Diese soziale Distanz ist freilich mehr eine Sache der inneren Entfernung als der äußeren, und da bei denen, die Gemeinschaft suchen, der Wille zum Idealisieren genauso fehlt wie der zur Fremdheit, trägt die räumliche Distanz der Menschen auf dem Lande nur dazu bei, die anderen so weit auf Abstand zu halten, dass die eigenen Vorurteile noch ungestörter blühen können als die Rosen im Garten.

Deshalb glaube ich, die einzige Möglichkeit, die gemeine Gemeinschaft aufzulösen, ist die Verstädterung des Landes. »Urbanisierung«, hörte ich neulich einen Architekten im Bäckerei-Café sagen, »heißt Nachverdichtung. Wir bauen hier alle freien Flächen zu, bis es so ist wie in der Stadt: kein Fleck ohne Bebauung und die Häuser doppelt so hoch.« Für mich klang das zunächst wie ein Horrorszenario. Inzwischen glaube ich jedoch, das wäre gar keine schlechte Idee. Denn irgendwann kommt der Break-even, und größere räumliche Nähe verwandelt sich in größere soziale Distanz. Dann kann der Nächste zum Fernsten werden und als Fernster wieder nah.

Diese Nähe wäre freilich keine Gemeinschaft, sondern ein loser Verbund von Menschen, die sich fremd sein lassen. Wenn sich dann noch die Normativität verdünnt, könnte die Sittlichkeit der Beziehungen einer echten Moralität weichen. Denn den anderen fremd sein lassen, heißt, sich selbst ein Stück weit fremd zu werden. Indem ich nämlich von ihm ausgehe und nicht von mir, werde ich, wie es in einer unnachahmlichen Wendung bei Thomas von Aquin heißt, ein anderes als anderes.[90] Im anderen bei sich selbst sein: Diese Selbstverfremdung ist das Erwachen der Moralität und könnte einen gesellschaftlichen Zusammenhalt begründen, ohne in den Abgründen der Gemeinschaft zu versinken. Eine Solidarität aus der Ferne, ein Zusammenhalt der Fremden – die sich trotzdem nah sind in der Achtung vor der Herzensordnung des anderen. Diese persönliche Verbindung ist bei aller Fremdheit viel persönlicher als die normative Solidarität des gemeinsamen Wollens, weil die Sitten und Gesetze die Menschen vielmehr trennen, als dass sie diese verbinden. Sie trennen sie nicht nur durch Hierarchisierung, Ausschluss und Beschämung, sondern auch dadurch, dass sich die Menschen nicht aufeinander beziehen, sondern auf Normen und Gesetze. Sie fragen nicht: Was willst du, was will ich? Sondern: Was sagt die Regel und in welchem Maße entspricht ihr dein Verhalten oder mein Verhalten? Siehe den Brief an Effi von ihrer Mutter. Die Regel tritt also zwischen die Menschen und trennt sie wie die Hecken ihrer Gärten.[91] Das schafft Ordnung, aber eine abgründige Fremdheit und Distanz in den Beziehungen. Abgründig, weil der andere zwar gleich sein soll, es aber im Grunde egal ist, wie der Mensch wirklich ist, der in diesem Korsett steckt. Viele Abgründe des dörflichen Lebens gründen in diesem Verhältnis. Solange die Hecken geschnitten und die Fenster geputzt sind, ist es egal, was dahinter geschieht. Die normative Gemeinschaft ist die ordentlichere, aber die unordentlichere ist die innigere.

WECHSELMODELL

Aber wollte ich in so einem zugebauten Dorf wohnen? Nein. Denn die räumliche Distanz zu den Nachbarn, das Unverbaute und Grüne machen für mich einen großen Reiz des Landlebens aus. Mein Freund Roland, der den Hof seiner Eltern übernommen hat, meint sogar, das Leben auf dem Dorfe sei überhaupt kein richtiges Landleben, denn das setze voraus, seine Nachbarn nur alle paar Tage mal zu sehen, wenn man ihnen mit dem Traktor auf dem Feldweg begegnet. Ob ihm das nicht zu einsam wäre, habe ich ihn mal gefragt. Aber Roland entgegnete, davon könne keine Rede sein. Er ist ja nur im Sommer Landwirt. Im Winter, wenn sich seine Rübenäcker erholen und er nur noch sporadisch auf den Hof muss, tauscht er den Blaumann gegen Prada und tanzt in spitzen Schuhen durch Italien. Nebenbei unterrichtet er Philosophie an einer rheinischen Universität und publiziert lange Traktate über die Klassiker. Nicht für Geld, denn in einem Sommer als Landwirt verdient er mehr als ein Professor, aber aus einem vornehmen Dilettantismus heraus, indem er es genießt, vom Traktor in die akademische Manege zu steigen und sich allein um der Wahrheit, der Ehre und der Freude willen an philosophischen Debatten zu beteiligen.

Im Grunde ist Roland der philosophische Bauer, der Hodgkinson gerne wäre. Das gelingt ihm aber nur, weil er die Landwirtschaft nicht bloß als Spiel betreibt, sondern als ernsthaftes Geschäft. Er hat mehrere Mähdrescher, weil immer einer kaputtgehen kann, und doppelt so viele Traktoren, als nötig wären, damit er nicht so oft umhängen muss. Manchmal verbringt er ganze Tage damit, Reifendecken umzuziehen, Feldwege freizuschneiden oder Räder zu wechseln. Er schraubt oft so lange an seinen Maschinen herum, bis sich das Schwarze unter den Fingernägeln nicht mehr vom Rest der Hand unterscheiden lässt. Er hat lange Kreditlinien, Solar auf den Dächern und fußballhallengroße Zelte, in denen er Wildblumen trocknet. Er ist ein Landwirtschaftsunternehmer, der sich im Sommer rund um die Uhr die im Winter schön manikürten Hände schwielig schuftet. Und nur weil das so lukrativ ist und der schöne Hagestolz keine Kinder hat, kann er den Winter über Philosophie treiben, in schmalen Anzügen auf Konferenzen in Baden-Baden stehen und in seinem venezianischen Winterdomizil die Katzen streicheln. Das alte Verhältnis von Stadt und Land, in dem das Land die Stadt versorgte und die Stadt das Land beschützte und belehrte, verbindet sich in Roland zu einem einzigen Leben. Dass er die damit verbundenen Widersprüche aushalten und tatsächlich tagsüber Landwirtschaft betreiben und nach dem Abendessen kritisieren kann, verdankt sich seiner seltenen Doppelnatur.

Die meisten Philosophen, die ich kenne, wären als Traktoristen vollkommen ungeeignet. Und die wenigen, die sich ein bäuerliches Ansehen geben, tun dies, um ihr Denken mit einer reaktionären »Bodenständigkeit« zu schmücken, die dem modernen Leben feindlich gegenübersteht, wie sich etwa bei Martin Heidegger beobachten lässt. Im Jahr der nationalsozialistischen Machtergreifung 1933 trat er als neu bestallter Rektor in SA-Uniform vor die Studenten der Universität Freiburg, um das Semester zu eröffnen, und erklärte in einem offenen Brief, den Ruf an die Universität Berlin abzulehnen, weil sein Denken »von der Welt dieser Berge und ihrer Bauern [gemeint war der Schwarzwald] getragen und geführt« sei und seine »Arbeit von derselben Art« wie die der Bauern.[92]

Wie dieses Denken aussieht, zeigt die Rektoratsrede, in der Heidegger die liberale Freiheit aus den Wissenschaften verabschiedet, weil sie für ihn »nur verneinend« ist: »Sie bedeutete vorwiegend Unbekümmertheit, Beliebigkeit der Absichten und Neigungen, Ungebundenheit im Tun und Lassen«, sagte er zu seinen Studenten. Und mit diesem Verfolgen der individuellen Interessen, Wünsche und Vorstellungen – des *Kürwillens*, wie Tönnies gesagt hätte – sollte Schluss sein. Stattdessen band er die Studenten an einen »gemeinsamen Willen«, wie er wörtlich sagt, und das heißt konkret an die Volksgemeinschaft, »die Ehre und das Geschick der Nation« und »den geistigen Auftrag des deutschen Volkes«.[93] Diese Verbindung von bäuerlicher Bodenständigkeit und Antimodernismus hat er später noch öfter wiederholt.[94]

LANDLEBEN AUS DER
IKEA-RETORTE

Die Wochenend- oder Wochentagsversion des Landlebens sucht einen Ausweg aus einem ganz grundsätz-
lichen Konflikt im Leben – dem zwischen Reichweite
und Resonanz. Reichweite heißt, wie der Soziologe
Hartmut Rosa schreibt, dass wir unsere Ressourcenlage
optimieren wollen.[95] Der ganze Reichtum der Welt soll
uns zu Füßen liegen, oder, wie es im Gedicht *Das Ideal*
(1927) von Kurt Tucholsky heißt:

Ja, das möchste:
Eine Villa im Grünen mit großer Terrasse,
vorn die Ostsee, hinten die Friedrichstraße;
mit schöner Aussicht, ländlich-mondän,
vom Badezimmer ist die Zugspitze zu sehn –
aber abends zum Kino hast du's nicht weit.

Das Ganze schlicht, voller Bescheidenheit:

Neun Zimmer – nein, doch lieber zehn!
Ein Dachgarten, wo die Eichen drauf stehn,
Radio, Zentralheizung, Vakuum,
eine Dienerschaft, gut gezogen und stumm,
eine süße Frau voller Rasse und Verve –
(und eine fürs Wochenend, zur Reserve) –
eine Bibliothek und drumherum
Einsamkeit und Hummelgesumm.[96]

Ganz unbedingt möchten wir mit dieser Welt aber auch in Beziehung sein, uns in ihr aufgehoben fühlen und sie als wirksam erfahren, mit ihr zusammenschwingen und resonieren. Wir wollen mit der Welt zusammenpassen. Diese Resonanz lässt sich jedoch umso schwieriger herstellen, je mehr Welt wir in unmittelbarer Reichweite haben. Wir erfahren das zum Beispiel, wenn die Großstadt, die jede Ressource bietet, uns mit ihrem Gebrüll erschreckt und ihrem Verkehr überrollt. Wenn wir Menschen sehen, die wie Ameisen durch Straßen rinnen, in denen die Fenster dicht wie die Löcher eines Siebes stehen. Oder wenn wir in Wohnungen hocken, in denen die Wände so dünn wie Häute sind, und wir an allem teilnehmen müssen, was in den Zellen um uns herum geschieht. Ich höre meine Nachbarin weinen und sie mich schreien. Doch auf der Straße erkennen wir uns nicht.

Wenn wir mit der Welt, die uns umgibt, nicht mehr in Schwingung kommen, befällt uns das blasse und von allem abgelöste Gefühl der Entfremdung, und dann heißt es zurück zur Natur. Denn in der Natur, so haben wir es gelernt, kommen wir wieder zu uns selbst, erholen und rekalibrieren uns und finden wieder in ein harmonisches Maß mit der Welt zurück. Das ist der Sinn des Wochenendhauses auf dem Lande, der Sommerfrische, des Urlaubs in der Natur. In dem Maße, in dem die Stadt zum Ort der Entfremdung wird (oder, historisch gesehen, geworden ist), wurde das Land zum Ort der Resonanz.

Das Problem ist allerdings, dass die meisten von uns nicht ewig pendeln können, sondern sich entscheiden müssen, ob sie in der Stadt leben möchten oder auf dem Land. Die Entscheidung für das eine oder andere kann ideologisch getroffen werden – wie bei den Rechten, die (um noch einmal Botho Strauß zu zitieren) mit dem Wiederanschluss an die mythische Zeit, das Blut und den Boden ihre Form von Resonanz mit der Welt finden. Sie kann aber auch aus pragmatischen Gründen getroffen werden wie bei uns, denn wir haben die Welt, wie wir sie in der Stadt in unmittelbarer Reichweite hatten, nicht gern aufgegeben, fühlten aber auch eine große Resonanz mit dem Landleben (wie wir es uns vorstellten), und da die Stadt uns immer abweisender erschien, das Land uns aber einlud, haben wir ihm den Zuschlag gegeben. Dass wir das Landleben vollkommen falsch eingeschätzt und deshalb den Preis falsch berechnet haben, steht auf einem anderen Blatt. Aber nicht jeder teilt meine moralischen Skrupel gegenüber dem Landleben. Gute Freunde finden das, was ich beschreibe, halb so

schlimm, weil für sie die pragmatischen Vorteile über-
wiegen. Und so geht es vielen, mit denen ich sprach,
auch einer Gruppe von Frauen aus Brandenburg, mit
denen ich ins Gespräch kam, weil zwei von ihnen auf
der Wiesn zufällig neben mir standen. Ich erzählte von
meinem Buch und davon, wie schade ich es fände, dass
die Literatur über das Landleben, wo es nicht um Gar-
tenbau oder Kochrezepte geht, von Männern dominiert
wird. In von Uslars Reportagen aus dem Havelland
kommen fast ausschließlich Männer vor (abgesehen
von der einen Alibifrau in jedem Band, die der Erzähler
irgendwie scharf findet). Bei Hodgkinson ist seine Frau
nur eine Nebenfigur, und in den Klassikern von Horaz
über Rousseau bis Thoreau begegnen uns nur Männer.
Also freute ich mich umso mehr, als mich die beiden
Brandenburgerinnen zu sich nach Hause einluden.
»Wir haben da einen alternativen Landfrauenkreis und
würden dir gerne unsere Sicht erzählen. Komm doch
mal vorbei.« Im Anschluss an meinen nächsten Berlin-
besuch machte ich das dann auch.

Vom Bahnhof Zoo ging es über Charlottenburg,
Wannsee und Babelsberg erst nach Potsdam und dann
noch weiter in die Provinz. Über Wilhelmshorst,
Michendorf und Seddin vorbei an den Heilstätten in
Beelitz nach Borkenkäferheide. Von Christiane F. zu
Margot Honecker. Am Bahnhof holte Izzy mich mit
ihrem vollgekrümelten Škoda ab, und wir fuhren noch
tiefer hinein in die endlosen Alleen der Märkischen
Heide zu einer kleinen Siedlung im Walde. Fontane

schrieb mal, in Brandenburg röche es überall nach Kiefern und Kaserne. In mir stieg jedoch eine Ahnung von Köttbullar auf, denn aus dem dichten Spalier der Bäume blickten rote Holzhäuser. »Das war mal die größte Schwedenhaussiedlung außerhalb Schwedens«, sagte Izzy. »Inzwischen gibt es auch vereinzelt andere Häuser, aber bis vor Kurzem durfte nur so gebaut werden.« Landleben aus der Ikea-Retorte. Auch Izzy wohnte in so einem Kasten, ihrer war jedoch weiß, und wir mussten in den ersten Stock. »Die Leute fragen mich immer, warum wir kein Haus haben, *sondern nur eine Wohnung*, aber ich will lieber reisen und so viel wie möglich weg hier als ewig etwas abbezahlen.« (Das Einfamilienhaus ist das Staple Piece, wenn es um Statuskonsum auf dem Lande geht.)

Der Frühstückstisch ist opulent. Es gibt Pfannkuchen und selbst gemachten Obstsalat, Brötchen, Brezen und Croissants, Käseplatte, selbst gemachte Marmeladen, Kuchen, Kaffee und gefüllte Eier. Mich erinnert das Frühstück an die Feste während meiner Kindheit auf dem Dorfe. Ich war gerührt ob der Mühe, die man sich meinetwegen gemacht hat – und ließ mir das auch anmerken.

Die Frauen erzählen reihum, und mein Handy nimmt auf, was sie sagen. Viele schätzen die Nähe zur Natur und zu Menschen, denen es genauso geht wie einem selbst, die dieselben Probleme haben und dasselbe wollen. Aber so richtig toll findet es keine auf dem Land. Es ist ein zäher Kompromiss zwischen Reichweite und

Resonanz, bei dem die Bedürfnisse und die finanziellen Möglichkeiten von Familien mit kleinen Kindern federführend sind oder die raumgreifenden Hobbys der Männer. Frische Luft und Platz für die Kinder (oder eine eigene Werkstatt) wird mit der sandigen Tristesse der märkischen Provinz bezahlt. Wer etwas erleben möchte, durchstöbert die Kinderkleider-Ecke im Baumarkt oder macht Homeoffice beim Bäcker. Die Frauen sind Informatikerinnen, Bank- und Verwaltungsangestellte. Die Männer sind fast alle bei der Polizei.

Mit der sozialen Kontrolle haben die Frauen weniger Probleme. In der Waldsiedlung, wo fast nur junge Familien leben, sind alle viel zu erschöpft von ihrem eigenen Leben, um sich in das der anderen einzumischen. »Es ist kein Dorf, sondern eine reine Schlafstadt«, sagte Izzy. In der älteren Siedlung in der Heide ist das anders. Hier muss das Gezeter der Ureinwohner einfach hingenommen werden. Das fällt jedoch nicht so schwer, denn es besteht die berechtigte Hoffnung, dass sich dieses Problem mit der Zeit selbst erledigt. Mitunter ist man mit diesen Alten auch verwandt und hat in ihrem Garten gebaut, und das ist dann sowieso noch mal etwas anderes. Die nachbarschaftlich-familiären Bande des Dorfes. Izzys Eltern sind Anfang der Neunziger hergekommen und wohnen eine Straße weiter. Lisa lebt in der Nähe ihrer Oma.

Anja, die selbst auch Polizistin ist, findet inzwischen sogar Freude daran, bei der sozialen Kontrolle mitzumachen. Das hat sie selbst überrascht, denn eigentlich fand sie das immer ganz furchtbar, wie sie mit einer Anekdote erläuterte. Als das erste Kind kam, ist sie mit ihrem Mann aus Charlottenburg raus nach Spandau gezogen, in eine kleine Siedlung denkmalgeschützter Altbauwohnungen. Dort klingelte eines Nachmittags ein Nachbar bei ihr. Wedelnder Zeigefinger. Sie solle mal mitkommen. Widerwillig folgte sie ihm in den Hof, wo sie mit Erschrecken feststellen musste, dass der gute Mann ihren Müll entleert und in Sachgruppen auf dem Boden sortiert hatte. »So, Frau Schmidt, ich habe Ihren Müll mal ausgeschüttet. Jetzt gehen wir das mal gemeinsam durch, damit Sie für die Zukunft etwas lernen. Was ist das? Eine Windel! Und wo gehört die hin? Wie, das interessiert Sie doch nicht? Es interessiert uns hier aber alle, wie Sie Ihren Müll sortieren, und die Windel gehört in die schwarze Tonne und nicht zu dem ganzen anderen Zeug da.« Er dachte wohl, sie würde das jetzt aufheben und entsprechend einsortieren. Aber sie ließ ihn einfach stehen und ging zurück in ihre Wohnung.

»Sie bleiben jetzt hier!

Nein!

Kommen Sie sofort zurück!

Ich bin beschäftigt.

Sofort!

Schnauze!«

Zurück in der Wohnung sagte sie zu ihrem Mann: »Ich muss hier weg! Es ist alles viel zu klein, so furchtbar klein, und die Augen der anderen sind überall. Und jeden Samstag haben die hässlichen Scheißnachbarn ihre Eimer rausgeholt und ihre Autos geputzt, und ich habe mir gedacht, wenn du hierbleibst, dann wirst du genauso.« Dass sie dann ausgerechnet auf einem Dorf fünfzig Kilometer hinter Potsdam landen und im Grunde genauso werden würde, hätte sie nie für möglich gehalten. Sie wollte das auch gar nicht, aber ihr Mann hat sich durchgesetzt, weil er sich von den aufreibenden Einsätzen beim SEK mit Gartenarbeit entspannen wollte. »Und er lebt diesen Spießertraum. Die Beete müssen dann genau so. Und hier kommt eine kleine Bank mit einer Rose darüber. Und die Rasenkante so. Das macht alles er. Ich habe damit nichts zu tun.« Als wir später eine Runde durch die Siedlung gingen und an ihrem Haus vorbeikamen, fiel mir auf, wie gut ihrem Mann das alles gelang. Er schien nicht nur einen Finger am Abzug zu haben, sondern auch einen grünen Daumen.

Anja gefällt es inzwischen aber auch gut. »Das Grundstück hat rundherum hohe Hecken. Ich kann rausgehen und quatschen. Dann aber auch wieder rein, Hecken hoch und *Schnauze da drüben! Guck nicht auf mein Grundstück*.« My home is my castle. Trotzdem spielt sie inzwischen selbst ganz gern den Sheriff. Wenn mal ein fremdes Auto durch die Siedlung fährt, tritt sie ans Fenster und schreibt sich die Nummer auf. Wenn der Nachbar am Samstagnachmittag noch den Rasen mäht oder sonntags bohrt, heißt es: »Noch fünf Minuten, aber dann machen wir was. Ruhe da drüben! Sonst kommt die Polizei.« Sie sagt das mit einem Lächeln und klimpernden Nägeln auf ihren Leggins, aber nicht ohne Ernst. Es gefällt ihr, wenn sich jeder an die Regeln hält.

Das Nachtleben fehlt ihr ein bisschen, aber dafür gibt sie beim Dorffest richtig Gas. Und findet das eigentlich auch schöner. »Da kann ich um neunzehn Uhr hin, und wenn die um dreiundzwanzig Uhr sagen: So, jetzt alle raus hier, dann bin ich auch müde und kann ins Bett gehen.«

Dem stimmen die anderen nicht zu. Sie haben alle ein paar Jahre in München oder Berlin gelebt, bevor sie Mütter wurden und aufs Land gezogen sind, und finden, »wenn es in der Stadt irgendwo blöd war, ist man einfach woanders hingegangen. Wenn es hier nichts ist, ist es nichts.« Reichweite ist das Problem auf dem Land. Und eigentlich ist die daraus resultierende Tristesse ein Verkehrsproblem. Denn wenn es einfacher wäre, in die Stadt zu fahren, wenn sie sich nicht einen Bus und einen Zug raussuchen müssten – und ein Hotelzimmer mieten, wenn's später als acht wird –, um mal in Berlin was trinken zu gehen; und wenn sie nicht für einen Kaffee in der Stadt drei Stunden unterwegs wären, käme das schon öfter vor. Zugleich ist die Stadt aber auch nicht mehr das, was sie war, als man noch da wohnte. Die Realität hält nicht, was die Erinnerung versprach. Schließlich fühlen sie sich auf den immer selteneren Besuchen in der Stadt immer fremder. Lisa hat es vor einiger Zeit noch mal versucht. Einmal wieder richtig tanzen gehen, und zwar nicht wie beim Schlagerbums im Freibad, wo alle Engelbert Strauß tragen. Also aufgestrapst, Mascara und die Haare schön. Und ab zur Neunziger-Fete in Babelsberg. Das ist von hier aus die große Welt. Auf Stilettos! Die kann man im Heidedorf gar nicht tragen, weil es keine asphaltierten Straßen gibt und man mit jedem Schritt, wie Goethe sagen würde, im Kot versinkt (*Campagne in Frankreich*, 1792), und weil die Nachbarn sie sofort als Nutte beschimpfen würden, wenn sie sie so sähen. Aber Lisa fuhr ja nach Babelsberg. Dort konnte sie die Schuhe aber auch nicht tragen, denn überall lagen Scherben und Dreck auf dem Boden. Bei jedem Schritt knirschte es, und die schönen Schuhe gingen ein bisschen mehr kaputt. Ihr Freund, das andere Pärchen und sie waren die Einzigen, die sich aufgeputzt hatten. Alle anderen trugen Hoodies und Turnschuhe, und viele hatten an dem Tag auch auf die Dusche verzichtet. Außerdem waren sie gut zehn Jahre jünger. Lisa fühlte sich wie ein Alien. Ihre Schuhe waren zertreten. Der Barkeeper bediente sie nicht. Ihr Freund hatte schlechte Laune, und beim Babysitter lief die Uhr. Also fuhren sie nach einer Stunde wieder heim – und kamen nie wieder.

HOTEL CALIFORNIA

Ich bin mir allerdings nicht sicher, und das warf auch Steffi während unseres kleinen Frühstückskolloquiums ein, ob die Entfremdung von der Stadt und ihren Amüsierbetrieben allein dem Umzug auf das Land geschuldet war oder nicht auch anderen Faktoren – und vielleicht sogar in stärkerem Maße.

Mit meinem Freund Florian habe ich in München unlängst Folgendes erlebt. Wir standen mal wieder am Tresen unserer Lieblingsbar, dem Café Kosmos, und wollten die nächste Runde bestellen. »Zwei Apfelstrudel«, rief Florian über die Bar. Aber der Mann hinter dem Tresen wusste gar nicht, was er wollte. »Apfelstrudel? Was ist das?« – »Na, das da«, sagte Florian und zeigte auf zwei grüne Gläser in den Händen der Frau neben uns, die – wie alle anderen Gäste auch – mindestens zwanzig Jahre jünger war als wir. »Ach so«, nickte der Barkeeper und schaute uns an wie die Opis aus der *Muppet Show*, »du meinst, Vodka-Apfel?« – »Ja«, entgegnete mein Freund mit der Sicherheit der Betrunkenen, »Vodka-

Apfel. Der heißt hier aber Apfelstrudel. Immer schon. Ich weiß das, denn ich bin hier Stammgast.« – »Also ich arbeite hier seit sieben Jahren«, lächelte der auch nicht mehr ganz junge Mann zurück. »Und ich habe die Bezeichnung Apfelstrudel dafür noch nie gehört. Aber ist schon okay, ich mache euch zwei.«

Anscheinend waren Florian und ich in den letzten Jahren doch nicht so oft im Café Kosmos gewesen, wie wir dachten. Das hatte aber mit dem Leben auf dem Land nichts zu tun, denn Florian wohnte nur zwei Querstraßen weiter und hatte – und darum beneidete ich ihn jedes Mal, wenn wir nachts aus der Bar schwankten – keine zehn Minuten Weg. Was sich aber seit den Zeiten, als der Drink noch Apfelstrudel hieß, geändert hatte, war, dass wir beide Väter geworden waren, und diese Veränderung ist viel einschneidender als der Umzug aufs Land, der bei mir wie bei den Landfrauen nur eine Folge davon war.

Das Leben mit kleinen Kindern ist auf dem Land einfacher und besser. Aber für den erwachsenen Menschen im Vater oder in der Mutter, für den, der was erleben, sich amüsieren, der neue Erfahrungen machen will, kann es auch trist sein. Denn die Zeit, die ohne die Kinder bleibt, ist so knapp, dass sie für Fluchten in die Stadt nicht ausreicht. Dafür sind die Wege zu weit und die Fahrten zu lang.

Indem sie auf das Land rausgezogen sind, haben sich die Frauen ihrer Mutterrolle (oder dem, was sie dafür hielten) untergeordnet. Es wäre wohl übertrieben zu behaupten, dass sie sich auf dem Lande für die Familie aufopfern, aber keine will bleiben, wenn die Kinder größer sind. »Dann wird es Zeit, dass ich wieder etwas Geiles mache und etwas für mich«, sagte Anja. Vor diesem Hintergrund erscheinen mir die Mütter bei uns am Ammersee, von denen ich sagte, sie stellten ihre Mutterschaft und Hausfraulichkeit ostentativ zur Schau, noch einmal in einem anderen Licht. Es zeigt, wie viel Verzicht dahintersteckt.

Und dieser Verzicht lässt mir das strikte Regime des Gemeinwillens noch perfider erscheinen, weil es einen Wert behauptet, ohne den Preis zu benennen, den die Menschen dafür zahlen müssen. Damit unterstreicht es einmal mehr, dass es nicht um Empathie und Verständnis geht, sondern um Herrschaft.

Ein anderes Opfer, das für das Leben auf dem Land in vielen Fällen gebracht werden muss, ist das Pendeln. Der Mann der Turnmutter fährt jeden Tag drei Stunden mit der S-Bahn zur Arbeit und zurück. Das sind über ein Berufsleben gerechnet 28.800 Stunden oder 1200 Tage reine Fahrzeit. Verspätungen nicht eingerechnet, und da kommen bei der Münchner S-Bahn leicht zwei Stunden die Woche zusammen, die Pendler und Pendlerinnen *zusätzlich* auf Bahnsteigen rumstehen, weil ein Anschluss verpasst wird oder ein Zug ausfällt. (Rechnen gehört zum Genre der Landlebenliteratur zwingend dazu. Meist geht es ums Geld. Thoreau berechnet die Investitionen in Saatgut und den Ertrag.[97] Hodgkinson bilanziert die Ersparnisse durch ein bäuerliches Leben, ich die Lebenszeitkosten des Pendelns.)

Wie Thoreau, der bei seinen Bilanzen schummelt, um das Landleben günstiger darzustellen, als es eigentlich war (es brachte ihm trotz aller Entbehrungen große finanzielle Verluste ein), reden sich auch viele Pendler ihre Fahrten schön und behaupten, sie könnten währenddessen arbeiten oder sich entspannen.[98] Aber wir wissen aus vielen Untersuchungen, dass der Stresslevel eines Pendlers ab einer halben Stunde Fahrzeit so hoch ist wie der eines Kampfpiloten im Einsatz, und wenn ich sehe, wie die (meist sind es ja wirklich) Männer mit ihren riesigen Kopfhörern und schweren Rucksäcken in den Sitzen hängen und ihre traurigen Schokoriegel knabbern, kann ich mir nicht vorstellen, dass das ein effektiver Arbeitsplatz ist.[99] Zugegeben, manchmal fahre ich selbst eine Stunde mit der S-Bahn und hacke einen kleinen Text in den Laptop, der zu Hause nicht fertig werden wollte, weil er ein bisschen Luftveränderung brauchte. Dass ich das jedoch in der S-Bahn tun muss, weil ich anders nicht raus und unter andere Leute komme, bezeugt mehr die Erbärmlichkeit meiner Lage als die Vorzüge der öffentlichen Verkehrsmittel als Arbeitsplatz. Auf dem Land zu leben und in der Stadt zu arbeiten heißt, drei bis vier Jahre seines Lebens einfach wegzuschmeißen.

Deshalb erstaunt mich die Nonchalance, mit der wir als Gesellschaft viele Menschen dazu zwingen. Sicher, manche haben ihr Schicksal selbst gewählt und scheinen nichts dagegen zu haben, für die heimische Resonanz mit der Welt einen Teil ihres Lebens einfach abzusitzen.

Viele müssen die langen Wege aber gezwungenermaßen auf sich nehmen, weil sie aus den Städten verdrängt worden sind. Dass sie nun mit ihrer Lebenszeit ausgleichen müssen, was ihnen an Finanzmitteln fehlt, erinnert an eine ganze Reihe neuerer Filme und Romane über zukünftige Gesellschaften, in denen die Lebenszeit Geld als Zahlungsmittel abgelöst hat.[100] Die dystopische Fantasie Hollywoods: Auf dem Land ist sie heute schon Wirklichkeit.

Hinzu kommen die verheerenden ökologischen Kosten des Pendelns. Im Durchschnitt produziert ein deutscher Pendler mit 40 Kilometern täglich 1,5 Tonnen CO_2-Äquivalente im Jahr und müsste 120 Bäume pflanzen, um das zu kompensieren.[101] »Im Grunde«, sagte Steffi, die zusammen mit ihrem Mann jeden Tag 200 Kilometer im Auto fährt, »ist das, was wir machen, ökologischer Irrsinn.«

Wer auf dem Land lebt, sollte aus Gründen der Ökologie und der Lebenszeitökonomie dort auch bleiben. Wer dort bleibt, kann jedoch leicht vor die Hunde gehen.

TRISTESSE PROVINCIALE

»Das wirklich Schreckliche am Landleben«, sagte Izzy, »ist, dass ich genau weiß, wie mein Leben morgen und übermorgen und in dreißig Jahren aussieht. Es hält nichts Neues, keine Überraschung und keine Abwechslung bereit. Es ist die ewige Wiederkehr des Gleichen.«

Die ewige Wiederkehr des Gleichen: Das ist die größte Drohung für Menschen, die ihr Leben schön, interessant und abwechslungsreich gestalten möchten.[102] Nietzsche, der die Wendung prägte, nannte sie »das grösste Schwergewicht«, das auf dem Leben liegen könne, und verglich sie mit der Heimsuchung durch einen Dämon. »Wie«, schreibt er in der *Fröhlichen Wissenschaft* (1882), »wenn dir eines Tages oder Nachts, ein Dämon in deine einsamste Einsamkeit nachschliche und dir sagte: *Dieses Leben, wie du es jetzt lebst und gelebt hast, wirst du noch einmal und noch unzählige Male leben müssen; und es wird nichts Neues daran sein, sondern jeder Schmerz und jede Lust und jeder Gedanke und Seufzer und alles unsäglich Kleine und Grosse deines Lebens muss dir wiederkommen, und Alles in derselben Reihe und Folge – und ebenso diese Spinne und dieses Mondlicht zwischen den Bäumen, und ebenso dieser Augenblick und ich selber. Die ewige Sanduhr des Daseins wird immer wieder umgedreht – und du mit ihr, Stäubchen vom Staube!* – Würdest du dich nicht niederwerfen und mit den Zähnen knirschen und den Dämon verfluchen, der so redete?«[103]

Im Anschluss an diese Beschreibung ist das moderne Lebensgefühl oft mit Langeweile oder Ekel bezeichnet worden.[104] Wenn Philosophen wie Kierkegaard, Camus oder Sartre so etwas sagen, meinen sie damit jedoch nicht die Langeweile auf dem Lande, die entsteht, weil zu wenig Reizvolles und Interessantes geschieht, sondern die dekadente Langeweile in der Stadt, die entsteht, weil zu viel Reizvolles da ist und die Reize sich gegenseitig relativieren. Sie werden stumm, und die einstmals interessanten Dinge stehen wie verschlossen da.

Ist das nicht eine tröstende Einsicht für uns Landeier? Langweilig ist es überall! Und wer sich noch amüsiert, ist ein Kretin. Nur die Unerfahrenen sehnen sich nach den Vergnügungen der Stadt oder leiden an der Ödnis des Dorfes. Denn es spielt, philosophisch betrachtet, keine Rolle, wo man wohnt. Der aufgeklärte Mensch findet alles reizlos.

Deshalb kann es auch nicht darum gehen, das Landleben interessanter zu machen, mit schicken Kaffeeröstereien oder Bällen von der Feuerwehr. Denn jede Vermehrung der Reize beschleunigt nur ihre Erschöpfung.

Richtiger wäre es, sagen die Philosophen, eine andere Einstellung zum Leben einzunehmen. Das kann heißen, nicht mehr das Schöne und Interessante zu suchen, sondern sich für das Gute und Wahre zu entscheiden, wie Kierkegaard sagt, oder dass einem einfach alles egal ist, wie Camus vorschlägt.

Kierkegaard empfiehlt, aus dem ästhetischen Leben in das ethische zu springen, indem wir uns zu anderen Grundsätzen entschließen. Übertragen auf das Landleben ähnelt dieser Vorschlag der Position der Ideologen, die meinen, das Leben auf dem Lande sei ethisch überlegen, weil es ein Leben in der Gemeinschaft ist. Solange diese Gemeinschaft jedoch gemeinmacht, kann ich diesen ethischen Vorteil nicht erkennen. Wenn der Nächste auf dem Land der Fernste würde, sähe die Sache anders aus. Doch das liegt in einer Ferne, die nur ein sehr weiter Sprung überbrücken könnte.

DIGITALES BIEDERMEIER – EIN FAZIT

Suburbanisierung ist das Wort der Stunde. Denn die
Städte schrumpfen, sagen die Demografen, aber das
Land wächst wieder und wird städtischer, urbaner.[105]
Aber man darf sich von den Zahlen nicht täuschen lassen.
Urbanität hat in diesem Zusammenhang keine kulturelle
Bedeutung. Es ist nur ein Begriff der Stadtplaner. Denn
das Leben, das die Menschen auf dem Lande suchen, ist
nicht das Leben aus der Stadt. Sie wollen ein anderes
Leben führen. Ein Leben im Grünen, ein gutes Leben,
ein gesundes Leben, ein Leben in der Gemeinschaft. Sie
wollen räumlich weiter voneinander getrennt leben, ein
Stück Rasen und eine Hecke zwischen sich wissen, geis-
tig aber näher zusammenrücken – oder sich zusammenrotten, wie das alte deutsche Wort heißt, mit dem wir
das dumpfe Brüten der Stämme beschreiben, die noch
keine Zivilisation geküsst hat.[106] Es ist die Sehnsucht
nach der Gemeinschaft, Werten und geteilten Überzeugungen. Die Flucht vor dem verdammten Licht der Aufklärung, dem Individuellen, dem Partikularen und ihren

Freiheiten, mit denen auch die Zumutung verbunden ist, die Freiheit der anderen aushalten zu müssen und dass sie überhaupt anders sind. Davor ziehen sich immer mehr Menschen in die Idiotie des Landlebens zurück.

Das Wiederaufleben der Landlust bedeutet also nicht, dass das Land urbaner wird, sondern die Republik provinzieller. Wieder einmal, könnte man sagen, denn die Rede von einem Provinzialismus der Bundesrepublik ist so alt wie diese Republik selbst. Erich Kästner bezeichnete das Wirtschaftswunder-Deutschland als »motorisiertes Biedermeier«, weil sich die Menschen in das Private zurückzogen, in die Gemütlichkeit der Fresskörbe und Fauteuils. Kleinbürger in Kleinwagen, die nichts mehr wissen wollten von der Zeit, den Trümmern und den alten Geschichten.[107]

Dann war vom Provinzialismus der Bonner Republik die Rede, weil die Kleinbürger ihre Kleingärten nicht verlassen wollten oder angeblich nur ans Geldverdienen dachten und keinen Begriff mehr hatten von Ehre und Größe und all dem anderen dummen Zeug, mit dem sich Imperien begeistern. So nannte zum Beispiel Karl Heinz Bohrer, damals England-Korrespondent der *Frankfurter Allgemeinen Zeitung*, die BRD eine Ansammlung »fettprangender Provinzen zwischen Karneval und Weinernten, mit Metzgereien ausstaffiert wie mit Boutiquen, so übersättigt wie verängstigt«, weil seine Landsleute nicht einsehen wollten, dass Großbritannien den Falkland-Krieg führen *musste*, um seine imperiale Ehre zu verteidigen.[108]

Der neue Provinzialismus ist jedoch anders als der der kriegsmüden Kleinbürger und Krämer. Er ist weniger gemütlich und weniger saturiert. Er ist kein Rückzug aus der Politik oder auf das Geschäft, sondern politisch: eine Zusammenrottung der Sezessionisten gegen die liberale Gesellschaft und ihre Zumutungen. Es ist die Filterblase als Siedlungsform, die Zuflucht zu einer wertebasierten Gemeinschaft und einem gemeinsamen Wollen, das sich gegen alle stellt, die sich ihm nicht unterordnen. Und es ist ein Provinzialismus, der tatsächlich in der Provinz zu Hause ist, nicht in den Wohnzimmern und Schrebergärten der zerstörten Städte, nicht in den Vorstandsbüros und Hinterzimmern der Deutschland AG, sondern dort, wo sich Fuchs und Hase gute Nacht sagen: auf dem Land, dem dunklen Reich der autoritären Unterdrückung, der gemütlichen Gemeinheit und der als Moral getarnten Hetze. Adorno nannte dies den Barbarismus des Landlebens und sah darin eine der Bedingungen dafür, dass Auschwitz möglich war und wieder möglich sein könnte.[109]

Das führt noch einmal zu meinen anfänglichen Überlegungen zurück, der Quelle der neuen Landlust in einer rechten Propaganda und ihren Parallelen zu rechtskonservativen Vorstellungen von einer Gesellschaft mit autoritärem Charakter. Mit ihrer Sehnsucht nach Gemeinschaft und Gemeinsinn ist die Landlust ein Feind der Freiheit. Der Missbrauch, den wir in den letzten fünfzig Jahren mit der Freiheit getrieben haben – die nur ein recht unverblümter Egoismus war –, macht diese Feindschaft verständlich. Aber das Leben in einer autoritären Gemeinschaft kann auch schrecklich sein, wie neben der Geschichte auch viele Biografien zeigen, etwa auf dem Land. Denn diese Gemeinschaft negiert die Freiheit des anderen. Sie, die Freiheit des anderen, wäre jedoch eine viel bessere Grundlage für eine liberale Gesellschaft als der Egoismus. Nicht jeder für sich, aber auch nicht alle gleich werden, sondern ein anderer als anderer werden. Einander fremd sein im eigenen Land.

ANMERKUNGEN

1 Niklas Maak, *Wohnkomplex. Warum wir andere Häuser brauchen*, München 2014, S. 17 f.

2 Pet Shop Boys, *Suburbia*, auf: Dies., *Please*, EMI America 1986.

3 Vgl. die Mediadaten https://www.bioverlag.de/files/bio-verlag/mediaservice/2022/SK_Mediadaten_2022.pdf https://de.statista.com/statistik/daten/studie/373843/um-frage/verkaufte-auflage-der-landlust/

4 Friedrich Hölderlin, »Hälfte des Lebens« [1804], in: Ders., *Sämtliche Werke/Große Stuttgarter Ausgabe*, hg. v. Friedrich Beißner, Bd. 2, Stuttgart 1951, S. 117.

5 Henry David Thoreau, *Walden oder Leben in den Wäldern* [1854], übers. v. Emma Emmerich u. Tatjana Fischer, 26. Aufl., Zürich 2007, S. 16.

6 Annette von Droste-Hülshoff, »Die Judenbuche. Ein Sittengemälde aus dem gebirgichten Westfalen«, in: *Morgenblatt für gebildete Leser*, Nr. 96–111, 1842, S. 381–443.

7 Botho Strauß, »Anschwellender Bocksgesang«, in: *Der Spiegel*, Nr. 6, 1993, S. 202–207, hier: S. 202 f.

8 Ebd., S. 204.

9 Vgl. dazu die erste literarische Beschreibung solch einer Erkrankung in Karl Phillip Moritz' Roman *Anton Reiser* [1785],

wo es über den Helden heißt: »Ihm deuchte, die Stärke, womit er seine Rolle empfand, müsse alles mit ihm fortreißen und ihn seiner selbst vergessen machen. – Dies geschah auch wirklich, wenn während dem Gehen seine Einbildungskraft immer erhitzter wurde – und er denn endlich auf dem Felde, wo er sich ganz allein glaubte, […] zu rasen anfing.« Karl Phillip Moritz, *Anton Reiser. Ein psychologischer Roman*, hrsg. v. Ernst-Peter Wieckenberg, Leipzig 1987, S. 296.

10   Horaz, »2. Epode« [30 v. Chr.], in: Ders., *Oden und Epoden*, hg. u. übers. v. Gerhard Fink, zweisprachige Ausgabe, Düsseldorf/Zürich 2002, S. 272–276, hier: 272 f.

11   Paul Tillich, *Die sozialistische Entscheidung*, Berlin 1980, S. 38.

12   So Goebbels in seiner Rede zur Eröffnung der Reichskulturkammer am 15. November 1933 und in seiner Rede zur Eröffnung der Internationalen Automobilausstellung in Berlin am 25. August 1939. Zit. n. Rüdiger Safranski, *Romantik. Eine deutsche Affäre*, München 2007, S. 353 ff.

13   Mariam Lau, »Nebenbei: knallrechts«, in: *ZEIT MAGAZIN*, Nr. 5, 2018, S. 11 f. (Das Interview erschien nur in der Ostausgabe des Magazins, die nicht im Archiv der ZEIT ist, es ist aber abrufbar unter https://www.zeit.de/2018/05/ellen-kositza-neue-rechte-feminismus-rechte-frauenbewegung/komplettansicht

14   So das berühmte Motto des Philosophen Theodor W. Adorno über die Heimatlosigkeit des modernen Menschen. Theodor W. Adorno, »Asyl für Obdachlose«, in: Ders., *Minima Moralia. Reflexionen aus dem beschädigten Leben*, Aphorismus Nr. 18, Frankfurt/Main 1951, S. 40-42, hier: S. 42.

15   Werner Bätzig, *Das Landleben. Geschichte und Zukunft einer gefährdeten Lebensform*, München 2020.

16   Theodor Storm, »Abseits« [1847/1848], in: Ders., *Gedichte*, hg. v. Gunter Grimm, Stuttgart 2021, S. 16 f., hier: S. 17.

17   Vgl. Norman M. Klein, *The Vatican to Vegas. A History of Special Effects*, New York 2004.

18   Roland Barthes, *Mythen des Alltags*, übers. v. Horst Brüh-
      mann, Frankfurt/Main 1976, S. 129.

19   Horaz, »2. Epode«, a. a. O., S. 273.

20   Tom Hodgkinson, *Schöne alte Welt. Praktischer Leitfaden für
      das Leben auf dem Lande*, übers. v. Anita Krätzer, 2. Auflage,
      Berlin 2013, S. 11.

21   Ebd., S. 12.

22   Karl Marx u. Friedrich Engels, »Die Deutsche Ideologie. Kri-
      tik der neuesten deutschen Philosophie in ihren Repräsentan-
      ten Feuerbach, B. Bauer und Stirner und des deutschen Sozia-
      lismus in seinen verschiedenen Propheten« [1845 f.], in: Dies.,
      Werke, Bd. 3, hg. v. Institut für Marxismus-Leninismus beim
      ZK der SED, Berlin 1974, S. 9–77, hier: S. 33.

23   Karl Marx u. Friedrich Engels, »Manifest der Kommunisti-
      schen Partei Februar [1848]«, in: Dies., *Werke*, Bd. 4, hg. v.
      Institut für Marxismus-Leninismus beim ZK der SED, Berlin
      1974, S. 459–493, hier: S. 466.

24   Hodgkinson, *Schöne alte Welt*, a. a. O., S. 23.

25   Thoreau, *Walden*, a. a. O., S. 165 ff., 76 ff.

26   Ebd., S. 79 ff.

27   Moritz von Uslar, *Deutschboden. Eine teilnehmende Beob-
      achtung*, Köln 2010, S. 338.

28   »The second reason was money. My publisher had dumped me
      and I had no book commissions. So we decided that it would
      be sensible to move back to London in order to get behind our
      business – a shop, cafe and school. In fact we closed the physi-
      cal space in 2016 but being in London was still good: I was able
      to raise some money so we could relaunch the Idler magazine.«
      Tom Hodgkinson in einer E-Mail an mich vom 22. Mai 2023.

29   Norbert Elias, *Die höfische Gesellschaft. Untersuchung zur
      Soziologie des Königtums und der höfischen Aristokratie.*
      Mit einer Einleitung: Soziologie und Geisteswissenschaften,
      Frankfurt/Main 1983, S. 75.

30 Luc Boltanski, Ève Chiapello, *Der neue Geist des Kapitalismus*, Konstanz 2003, S. 143 f.

31 Locus Classicus: Axel Honneth, *Kampf um Anerkennung. Zur moralischen Grammatik sozialer Konflikte*, Frankfurt/Main 1992. Zahmer, nämlich vom »Wunsch nach Anerkennung«, spricht Honneth etwa in: Ders., »Antworten auf die Beiträge der Kolloquiumsteilnehmer«, in: Christoph Halbig, Michael Quante (Hg.), *Axel Honneth. Sozialphilosophie zwischen Kritik und Anerkennung* (*Münsteraner Vorlesungen zur Philosophie*, Band 5), Münster, S. 99–121, hier: S. 102.

32 Georg Wilhelm Friedrich Hegel, *Werke*, Bd. 3, *Phänomenologie des Geistes*, hg. v. Eva Moldenhauer u. Karl-Markus Michel, Frankfurt/Main 1986, S. 144.

33 Georg Wilhelm Friedrich Hegel, *Werke*, Bd. 7, *Grundlinien der Philosophie des Rechts oder Naturrecht und Staatswissenschaft im Grundrisse*, hg. v. Eva Moldenhauer u. Karl-Markus Michel, Frankfurt/Main 1986, S. 26.

34 Vgl. Armgard Zindler, Katja Kiefer, *Familienbild im Wandel. Lebensentwürfe zwischen Wunsch und Wirklichkeit. Ergebnisse einer qualitativ-quantitativen Studie in Baden-Württemberg*, hg. v. der Friedrich-Ebert-Stiftung, Stuttgart 2015.

35 Jean-Paul Sartre, *Gesammelte Werke. Philosophische Schriften I*, Bd. 3, *Das Sein und das Nichts. Versuch einer phänomenologischen Ontologie* [1943], hg. v. Vincent von Wrobelsky, übers. v. Hans Schönberg u. Traugott König, Reinbek bei Hamburg 1994, S. 381.

36 Jeremy Bentham, *Das Panoptikum* [1787], mit einem Essay von Henry Sidgwick und einem Interview mit Michel Foucault, übers. v. Andreas L. Hofbauer, hg. v. Christian Welzbacher, Berlin 2013, S. 13 ff.

37 Vgl. Edgar Cabanas, Eva Illouz, *Das Glücksdiktat. Und wie es unser Leben beherrscht*, übers. v. Michael Adrian, Berlin 2019.

38 Ferdinand Tönnies, *Gemeinschaft und Gesellschaft. Abhand-*

lung des Communismus und des Socialismus als empirischer Culturformen, Leipzig 1887, S. 17 ff.

39 Eva Illouz, *Warum Liebe endet. Eine Soziologie negativer Beziehungen,* übers. v. Michael Adrian, Berlin 2020, S. 96.

40 Meine Gegenüberstellung des über Geld vermittelten Tausches von Waren und Dienstleistungen in der Gesellschaft und des sozialen Tausches in der Gemeinschaft orientiert sich an der Beschreibung des Soziologen Niklas Luhmann, der über die *Wirtschaft der Gesellschaft* schreibt: »Man ist bereit, seine Sachen hinzugeben oder mehr oder weniger unangenehme Arbeiten zu leisten, nur weil man dafür mit Geld entschädigt wird. Man gibt nicht in Ausführung einer sozialen Verpflichtung zur Reziprozität, man hilft nicht als Nachbar, man arbeitet nicht in der frommen Gesinnung, dadurch dem Willen Gottes zu dienen. Man läßt sich bezahlen. Was immer wir zivilisationskritisch davon halten mögen: mit dieser Erfindung sind zwei wesentliche Vorteile verbunden. Sie ist im höchsten Maße von sozialen Strukturen außerökonomischer Provenienz unabhängig, also besser ausdifferenzierbar. Und sie wirkt im höheren Maße selbstmotivierend.« Niklas Luhmann, *Die Wirtschaft der Gesellschaft,* 7. Auflage, Frankfurt/Main 2015, S. 240 f.

41 Lawrence Blum, »Friendship as a Moral Phenomenon«, in: Neera Kapur Badhwar (Hg.), *Friendship. A Philosophical Reader,* Ithaca und London, 1993, S. 192-210.

42 Eagles, »Hotel California«, auf: Dies., *Hotel California,* Asylum Records 1976.

43 Thomas Hobbes, *Leviathan oder Stoff, Form und Gewalt eines kirchlichen und bürgerlichen Staates* [1651], hg. und eingel. v. Iring Fetscher, übers. v. Walter Euchner, Berlin 1966, S. 163.

44 Mary Douglas, *Ritual, Tabu und Körpersymbolik. Sozialanthropologische Studien in Industriegesellschaft und Stammeskultur,* übers. v. Eberhard Bubser, Frankfurt/Main 1981, S. 75.

45 Ebd., S. 192.

46 Thomas Hobbes, *De Cive. Vom Bürger* [1642], Lateinisch/
Deutsch, übers. v. Andree Hahmann, unter Mitarbeit von Isa-
bella Zühlke, hg. v. Andree Hahmann u. Dieter Hüning, Stuttgart 2017, S. 7.

47 Immanuel Kant, »Bemerkungen zu den Beobachtungen über
das Gefühl des Schönen und Erhabenen«, in: *Kant's gesammelte Schriften*, hg. v. der Preußischen Akademie der Wissenschaften, Bd. 20, *Kant's Handschriftlicher Nachlass*, Bd. 7,
Berlin 1942, S. 1–192, hier: S. 44.

48 Meine Überlegungen zum Ekel sind angeregt von Winfried
Menninghaus, *Ekel. Theorie und Geschichte einer starken
Empfindung*, 4. Aufl., Berlin 2017, S. 7 ff. und vor allem von
Martha Nussbaum, *Hiding from Humanity. Disgust, Shame
and the Law*, Princeton 2004.

49 Nussbaum, *Hiding from Humanity*, a. a. O., S. 90.

50 Friedrich Maximilian Klinger, *Die Zwillinge* [1776], Ein Trau-
erspiel in fünf Akten, hg. v. Karl S. Guthke, Stuttgart 1972,
S. 36 f.

51 Eva Illouz, *Undemokratische Emotionen. Das Beispiel Israel*,
übers. v. Michael Adrian, Berlin 2023.

52 Nussbaum, *Hiding from Humanity*, a. a. O., S. 231.

53 Carl Schmitt, *Der Begriff des Politischen. Text von 1932 mit
einem Vorwort und drei Corollarien*, Berlin 1994, S. 26 f.

54 Vgl. zu dieser föderalen Spielart des Provinzialismus Karl Heinz
Bohrer, »Provinzialismus. Ein struktureller Befund«, in: *Merkur*, Heft 501, Dezember 1990, S. 1096–1102, hier: S. 1097 ff.
Wiederabgedruckt in: Ders., *Provinzialismus. Ein physiognomi-
sches Panorama*, München 2000, S. 17-30, hier, S. 18 ff.

55 Zu dieser Sehnsucht vgl. Philipp Felsch, Frank Witzel, *BRD
Noir*, Berlin 2016, S. 8 ff.

56 Immanuel Kant, »Beantwortung der Frage: Was ist Aufklärung?«, in: *Berlinische Monatsschrift*, 1784, H. 12, S. 481–494,
hier: S. 481.

57 Thorstein Veblen, *Theorie der feinen Leute. Eine ökonomische Untersuchung der Institutionen* [1899], übers. v. Suzanne Heintz u. Peter von Haselberg, Frankfurt/Main 2007.

58 Georg Christoph Lichtenberg, »Sudelbücher. G 51« [1779-83], in: Ders., *Schriften und Briefe*, Bd. 2, *Sudelbücher II, Materialhefte, Tagebücher*, hg. v. Wolfgang Promies, München 1971, S. 143.

59 Beatrice Blyth Whiting, John Weslay Mayhew Whiting, *Children of six cultures. A psycho-cultural Analysis*, Cambridge, MA 1975.

60 So soll es ja bei den platonischen Ideen gewesen sein. Vgl. Bruno Snell, *Die Entdeckung des griechischen Geistes. Studien zur Entstehung des europäischen Denkens bei den Griechen*, Hamburg 1948, S. 201.

61 Funny van Dannen, »Die Freunde der Realität«, auf: Ders., *Herzscheiße*, Trikont 2003.

62 Zit. n. Felix Heidenreich, »Moralisierung«, in: *Merkur*, Nr. 868, Heft 9, September 2021, S. 33–42, hier: S. 36.

63 Carl Schmitt, *Die Tyrannei der Werte* [1979], 3., korrigierte Auflage, mit einem Nachwort von Christoph Schönberger, Berlin 2011. Martin Heidegger, »Nietzsches Wort *Gott ist tot*«, in: Ders., *Gesamtausgabe. 1. Abteilung. Veröffentlichte Schriften 1914-1970*, Band 5, *Holzwege*, unveränderter Text mit Randbemerkungen des Autors aus den Handexemplaren, hg. v. Friedrich-Wilhelm von Herrmann, Frankfurt/Main 1977, S. 209–268.

64 Zum Vorschlag, die Art und Weise, wie wir leben, danach zu bewerten, inwiefern sie geeignet ist, Probleme zu lösen, vgl. Rahel Jaeggi, *Kritik von Lebensformen*, Berlin 2013.

65 Immanuel Kant, *Kritik der praktischen Vernunft* [1788], S. 38 ff., in: Ders., *Werksausgabe*, Bd. 7, *Kritik der praktischen Vernunft. Grundlegung der Metaphysik der Sitten*, hg. v. Wilhelm Weischedel, Frankfurt/Main 1974, S. 127 ff.

66 Charles Taylor, *Hegel*, Frankfurt/Main 1978, S. 492.

67 Vgl. Juliane Rebentisch, *Die Kunst der Freiheit. Zur Dialektik demokratischer Existenz*, 2. Aufl., Berlin 2014, S. 91 ff.

68 Vgl. Arnold Gehlen, *Moral und Hypermoral. Eine pluralistische Ethik*, Frankfurt am Main 1969.

69 Vgl. Richard Rorty, *Kontingenz, Ironie und Solidarität*, übers. v. Christa Krüger, 5. Aufl., Frankfurt/Main 1999, S. 305.

70 Die Bürger des Ortsteils H. an den Stadtdirektor S., 11. Juli 1983. zit. n. Franz-Josef Oeynhausen, *Die Chronik des Ortes H. Teil 2. Von 1933 bis 1997*, H. 1998, S. 302 f.

71 Kirsten Serup-Bilfeldt, »Das verdammte Licht der Aufklärung«, Beitrag in der Sendung »Aus Religion und Gesellschaft«, *Deutschlandfunk*, 29. Juni 2022.

72 »In today's social environment, a man contemplating an extramarital affair may hesitate, out of fear that his wife would divorce him if she found out, but he need not fear being subjected to more general social ostracism. He is no longer likely to be disowned by his parents, shunned by friends and coworkers, or expelled from his country club. This clearly reduces the incentive to refrain from infidelity.« John Heath, *A Defense of Stigmatization*, draft 12/2/2017, S. 21. Übersetzung von mir.

73 Theodor Fontane, »Effi Briest« [1894 f.], in: Ders., *Romane und Gedichte*, mit einem Nachw. v. Rudolf Pechel, München 1954, S. 593–815, hier: S. 784 (Kap. 31).

74 Vgl. dazu etwa die Berichte der *Organisation für wirtschaftliche Zusammenarbeit und Entwicklung*, z. B. Cale Hubble, Chiara Varazzani, »Mapping the global behavioural insights community« auf der Homepage des OECD vom 10. Mai 2023, https://oecd-opsi.org/blog/mapping-behavioural-insights/

75 Thaler und Sunsteen schreiben: »That is, we emphasize the possibility, that in some cases individuals make inferior choices, choices that they would change if they had complete information, unlimited cognitive abilities, and no lack of willpower.« In: Dies., »Libertarian Paternalism«, *The American*

Economic Review, May 2003, Vol. 93, No. 2, S. 175-179, hier: S. 175.

76 Tönnies, *Gemeinschaft und Gesellschaft*, a. a. O., S. 2.

77 Theodor W. Adorno, »Erziehung nach Auschwitz« [1967], in: Ders., *Gesammelte Schriften*, Bd. 10.2, *Kulturkritik und Gesellschaft II. Eingriffe, Stichworte*, hg. v. Rolf Tiedemann unter Mitwirkung von Gretel Adorno, Susan Buck-Morss und Klaus Schultz, 6. Aufl., Berlin 2016, S. 674–690, hier: S. 680 f.

78 Jürgen Habermas, »Grundrechtsschutz in der pandemischen Ausnahmesituation. Zum Problem der gesetzlichen Verordnung staatsbürgerlicher Solidarleistungen«, in: Klaus Günther, Uwe Volkmann (Hg.), *Freiheit oder Leben? Das Abwägungsproblem der Zukunft*, Berlin 2022. Klaus Günther, Jürgen Habermas, »Kein Grundrecht gilt grenzenlos«, in: *DIE ZEIT*, Nr. 20, 2020. Jürgen Habermas, »Corona und der Schutz des Lebens. Zur Grundrechtsdebatte in der pandemischen Ausnahmesituation«, in: *Blätter für deutsche und internationale Politik*, Nr. 9, 2021. Zit. n. Lucius Maltzan, »Gesundheitsschutz als Staatspflicht. Eine Erwiderung auf Jürgen Habermas«, in: *Merkur-blog*, 13. Juli 2023.

79 Erich Fromm, »Die Furcht vor der Freiheit«, in: Ders., *Gesamtausgabe*, Bd. 1, hg. v. Rainer Funk, München 1999, S. 217-392, hier: S. 239.

80 Martina Parge, *Holocaust und Autoritärer Charakter. Amerikanische Studien der vierziger Jahre vor dem Hintergrund der Goldhagen-Debatte*, Wiesbaden 1997, S. 77.

81 Fromm, »Die Furcht vor der Freiheit«, a. a. O., S. 302, 307.

82 Nussbaum, *Hiding from Humanity*, a. a. O., S. 221.

83 Vgl. Udo Tietz, »Gemeinsinn, Gemeinwohl und die Grenzen des Wir«, in: Herfried Münkler, Harald Bluhm (Hg.), *Forschungsberichte der Interdisziplinären Arbeitsgruppe Gemeinwohl und Gemeinsinn der Brandenburgischen Akademie der Wissenschaften*, Bd. 4, *Gemeinwohl und Gemeinsinn. Zwischen Normativität und Faktizität*, Berlin 2002, S. 37-70.

84 Im Original: »le fondement mystique de leur autorité«, Michel de Montaigne, »De l'expérience« [1595], in: Ders., *Les Essais*, hg. v. Denis Bjaï, Bénédicte Boudou, Jean Céard u. Isabelle Pantin, Paris 2001, S. 1654–1740, hier: S. 1669.

85 Adorno, »Erziehung nach Auschwitz«, a. a. O., S. 682 f.

86 Herzensordnung meint die Ausdifferenzierung dessen, was wir lieben. Sie rückt das, was uns wichtig ist, in ein Verhältnis der Nähe und Ferne. Augustinus prägt den Begriff in seinem Buch *Vom Gottesstaat* [426]: »Denn auch die Liebe selbst, kraft deren man gut liebt, was zu lieben ist, muß in der rechten Ordnung geliebt werden, soll in uns die Tugend wohnen, die den guten Wandel bewirkt. Man kann daher die Tugend nach meiner Ansicht kurz und gut definieren als die rechte Ordnung der Liebe; deshalb singt im heiligen Hohen Lied die Braut Christi, der Gottesstaat: ›Ordnet in mir die Liebe‹.« Aurelius Augustinus, *Der Gottesstaat. De civitate dei*, hg. v. Carl Johann Perl, Bd. 2, Paderborn u. a. 1979, S. 73. Allerdings versteht Augustinus den *ordo amoris* jedoch objektiv, nämlich als Rangordnung der verschiedenen Lieben, die wir verspüren können, als Begehren, als Nächstenliebe und als Gottesliebe, wobei seiner Auffassung nach jede Liebe, die nicht Gott gilt, eine falsche, verirrte Liebe ist. Bei Max Scheler wird der *ordo amoris* subjektiviert. Mein Verständnis orientiert sich an der mittleren Position von Spaemann, vgl. Robert Spaemann, *Glück und Wohlwollen. Versuch über Ethik*, Stuttgart 1989, S. 141 ff. Zum Verhältnis der *ordinibus amoribus* bei Augustinus, Scheler und Spaemann vgl. Ute Kruse-Ebeling, *Liebe und Ethik. Eine Verhältnisbestimmung ausgehend von Max Scheler und Robert Spaemann*, Göttingen 2009.

87 »Ihr drängt euch um den Nächsten und habt schöne Worte dafür. Aber ich sage euch: eure Nächstenliebe ist eure schlechte Liebe zu euch selber. Ihr flüchtet zum Nächsten vor euch selber und möchtet euch daraus eine Tugend machen: aber ich durchschaue euer *Selbstloses*. Das Du ist älter als das Ich; das Du ist heilig gesprochen, aber noch nicht das Ich: so drängt sich der Mensch hin zum Nächsten. Rate ich euch zur Nächs-

tenliebe? Lieber noch rate ich euch zur Nächsten-Flucht und zur Fernsten-Liebe! Höher als die Liebe zum Nächsten ist die Liebe zum Fernsten und Künftigen«, Friedrich Nietzsche, *Sämtliche Werke. Kritische Studienausgabe*, Bd. 4, *Also sprach Zarathustra* [1883], hg. v. Giorgio Colli u. Mazzimo Montinari, 15. Aufl., München 2016, S.77–79, hier: 77.

88 »Doppelte Art der Gleichheit. — Die Sucht nach Gleichheit kann sich so äussern, dass man entweder alle Anderen zu sich hinunterziehen möchte (durch Verkleinern, Secretiren, Beinstellen) oder sich mit Allen hinauf (durch Anerkennen, Helfen, Freude an fremdem Gelingen).« Friedrich Nietzsche, »Der Mensch im Verkehr« [1878], in: Ders., *Sämtliche Werke. Kritische Studienausgabe*, Bd. 2, *Menschliches, Allzumensch-liches*, hg. v. Giorgio Colli u. Mazzimo Montinari, 10. Aufl., München 2012, S. 240.

89 Friedrich Nietzsche, »Von der Erleichterung des Lebens«, in: Ders., *Menschliches, Allzumenschliches, a. a. O.*, S. 229.

90 »fieri aliud inquantum aliud«, zit. n. Robert Spaemann, *Glück und Wohlwollen*, a. a. O., S. 110 f. Spaemann beschreibt das als Erwachen der Moralität. Vgl. auch Bernhard Waldenfels, *Sozialität und Alterität. Modi sozialer Erfahrung*, Berlin 2015, S. 182 f.

91 Jacques Derrida, *Gesetzeskraft. Der »mystische Grund der Autorität«*, übers. v. Alexander García Düttmann, Frankfurt/Main 1991, S. 47.

92 Martin Heidegger, »Schöpferische Landschaft: Warum bleiben wir in der Provinz?« [1933], in: Ders., *Gesamtausgabe. I. Abteilung. Veröffentlichte Schriften 1910-1976*, Bd. 13, *Aus der Erfahrung des Denkens*, durchgesehener Text der Einzelveröffentlichungen und Einzelausgaben, aufgrund von Verbesserungen des Autors in den Handexemplaren gelegentlich geringfügig geändert, hg. v. Hermann Heidegger, Frankfurt/Main 1983, S. 9–13, hier: S. 11.

93 Martin Heidegger, *Die Selbstbehauptung der deutschen Universität*, 2. Aufl., Freiburg 1934.

94 Z. B. in seiner Rede zum 175. Geburtstag von Conradin Kreutzer am 30. Oktober 1955 in der Meßkircher Herz-Jesu-Kirche, die er unter dem Titel »Gelassenheit« veröffentlicht hat. Martin Heidegger, »Gelassenheit«, in: Ders., *Gesamtausgabe*, a. a. O., Bd. 16, *Reden und andere Zeugnisse eines Lebensweges 1910–1976*, hg. v. Hermann Heidegger, Frankfurt/Main 2000, S. 517–529.

95 Hartmut Rosa, *Resonanz. Eine Soziologie der Weltbeziehungen*, 5. Auflage, Berlin 2021, S. 17.

96 Kurt Tucholsky, »Das Ideal«, in: Ders., *Gedichte in einem Band*, hg. v. Ute Maack und Andrea Spingler, Frankfurt/Main und Leipzig 2006, S. 669 f.

97 Thoreau, *Walden*, a. a. O., S. 58 f., 67 f. u. ö.

98 Walter E. Richartz rechnet nach und kommt zu dem Ergebnis: »Geschäftlich war Walden ein Misserfolg – also keine Illusionen, lieber Leser!« Walter E. Richartz, »Stichworte zu Walden«, in: Thoureau, *Walden*, a. a. O., S. 7–15, hier: S. 7.

99 Vgl. Matthias Kaufmann, »Wie ein Kampfpilot im Einsatz. Berufspendler im Stress«, Interview mit dem Soziologen Norbert Schneider, Direktor des Bundesinstituts für Bevölkerungsforschung, in: *Spiegel online*, 4. Juli 2017. Weitere Quellen in der jüngsten Publikation des Bundesinstituts *Pendelmobilität in Deutschland. Potenziale nutzen – Belastungen reduzieren*, Wiesbaden 2018.

100 Beispiele sind etwa *In Time* (20th Century Fox 2011) oder *Paradise* (Netflix 2023).

101 https://www.quarks.de/umwelt/klimawandel/co2-in-zahlen-was-ist-viel-was-ist-wenig/

102 Andreas Reckwitz, *Die Gesellschaft der Singularitäten. Zum Strukturwandel der Moderne*, Berlin 2017, S. 285 ff. Ders., *Die Erfindung der Kreativität. Zum Prozess gesellschaftlicher Ästhetisierung*, Berlin 2012.

103 Friedrich Nietzsche, »Das grösste Schwergewicht. Die fröhliche Wissenschaft, Aphorismus 341«, in: Ders., *Sämtliche*

Werke. Kritische Studienausgabe, Bd. 3, *Morgenröte, Idyllen aus Messina, Die fröhliche Wissenschaft* [1882], hg. von Giorgio Colli u. Mazzimo Montinari, 10. Aufl., München 2012, S. 570.

104 Sören Kierkegaard, *Entweder-Oder* [1843]. Teil I und II, unter Mitwirkung von Niels Thulstrup und der Kopenhagener Kierkegaard-Gesellschaft, hg. v. Hermann Diem u. Walter Rest, übers. v. Heinrich Fauteck, 5. Aufl. München 1998, S. 331 ff. Jean-Paul Sarte, *Der Ekel* [1938], übers. v. Uli Aumüller, Reinbek bei Hamburg 1982, S. 207.

105 Bundesinstitut für Bevölkerungsforschung, »Wanderungsverluste der Städte erreichen das hohe Niveau der 1990er Jahre«, Pressemitteilung, 5. Dezember 2022. https://www.bib.bund. de/DE/Presse/Mitteilungen/2022/pdf/2022-12-05-Wanderungsverluste-der-Staedte-erreichen-das-hohe-Niveauder-1990er-Jahre.pdf?__blob=publicationFile&v=3

106 Vgl. Katja Johanna Eichler, *Zusammenleben statt Zusammenrotten. Warum wir Gruppe und Identität neu denken sollten – eine Intervention*, Marburg 2022.

107 Erich Kästner, »Heinrich Heine und wir« [1956], in: Ders., *Gesammelte Schriften*, Bd. 5, *Vermischte Beiträge*, Köln 1959, S. 530.

108 Karl Heinz Bohrer, »Falkland und die Deutschen«, in: *Frankfurter Allgemeine Zeitung*, 15. Mai 1982, S. 25. Zur Begeisterung der Imperien durch Ehre usw. vgl. Peter Sloterdijk, *Falls Europa erwacht. Gedanken zum Programm einer Weltmacht am Ende des Zeitalters ihrer politischen Absence*, Frankfurt/ Main 2002.

109 Adorno, »Erziehung nach Auschwitz«, a. a. O., S. 680 f.